WOMマーケティング入門

WORD OF MOUTH MARKETING:
How Smart Companies Get People Talking, Revised Edition by Andy Sernovitz

Japanese translation published by arrangement with Kaplan Publishing,
a division of Kaplan Inc. through The English Agency (Japan) Ltd.

本書の価値はどこにあるか

セス・ゴーディン

世間では、アンディ・セルノヴィッツのことがつねに話題になる。彼は、どこに行こうと、どの業界に携わろうと、必ず話題を提供している。

企業が話題にされるきっかけをつくり、そのまま話題にされつづけるよう仕向けること、それが彼の得意とするところである。アンディこそまさに、クチコミの影響力の大きさを体現する生き証人だ。

クチコミに関する本が出版されるのは、これが初めてではないが、本書は次の二つのことを教えてくれる。

①長年にわたる経験で磨き上げられた、アンディのビジョン。
②マーケティング部門の長が求めてやまないマーケティングアプローチ。
アンディは専門用語を使わずに、驚くほど正攻法で論じている。八九ページのマニフェストは、絶対に上司に見せたほうがいい。このマニフェストだけでも、本書を買った元は十分にとれる。

クチコミを増幅するための新たな方法を考え出すのに必要なのは、アンディも繰り返し本書で述べているように、「人とのつながり」である。より素晴らしい商品を生み出すこと、停滞せずに前に進みつづけること、誰かに話したくなる何かを生み出すことを目指して、率直に話し合える関係を築く――それが何よりも大切だ。

あなたも遊び心を忘れずに、どんどん話題を広めていこう。

私が選ぶトップ10

ガイ・カワサキ

私はこの本がとても好きだ。私がマッキントッシュを宣伝したときのやり方と共通する部分が非常に多く、読んでいて心地よさを覚える。

本書のなかでとくに気に入ったアイデアや事例のトップ10を紹介しよう。

①インターネット上での会社や商品の評判をチェックする担当者を設ける。褒めるコメントを書いた人には感謝の言葉を送り、不満を見つけたら解決を試みる。

②コマース銀行は、来店した人が誰でも使える両替機を設置している。知らず知らずのうちに、その機械は集客の七パーセント程度には貢献している。

③実際に嫌な思いをした人と、「嫌な思いをした」と耳にした人とでは、後者のほうがその店に足を踏み入れる確率が低い。
④初めて店を訪れた（商品を買った）顧客は、クチコミを広める客となる可能性が一番高い。リピート客は、商品やサービスのよさをすでに知っているが、初めての客はそのよさに触れると感激する。
⑤前立腺ガン予防の普及に努めるザ・プロステート・ネットは、五万人の理容師に声をかけて、客に前立腺ガンの検査と予防の重要性について話をするよう協力を求めた。
⑥クチコミを広めてくれた見返りに品物や金銭を渡すと、広めた動機が疑われることになり、宣伝効果が半減する。
⑦ラスベガスのウィンホテルは、「旅行者はタクシー運転手から情報を得ることが多い」という点に着目し、運転手を無料でホテルに招待した。その結果、クチコミで広めてもらうことに成功した。
⑧ダック・テープの製造元（ヘンケル・コンシューマー・アドヒーシヴス）は、「スタック・アット・プロム」というコンテストを主催して、学生に奨学金の支援をしている。
⑨テレビドラマ「ファミリー・ガイ」は、クチコミキャンペーンによって番組打ち切りから蘇った。
⑩オンライン靴販売のザッポスが提供する、「購入から三六五日間、理由を問うことなく送

料無料で返品を受け付ける」というポリシーには正直驚いた。ただ、私の妻がザッポスに返品するのを見たことはない。

いつの日か、読者のみなさんの素晴らしいアイデアを、この本のような形で読める日が来ますように！

II 実践・応用編

はじめに

ひとりでもできる最強のマーケティング

この本は、何かを売っている人すべてに向けて書いたものである。

WOM《ワム》（Word of Mouth：クチコミ）マーケティングは、膨大なマーケティング予算のあるグローバル企業にしかできないものではない。本書で紹介するアイデアや活動は、クリーニング店の店主やレストランの経営者、歯科医が実践しても、フォーチュン500企業が実践するのと同じ効果が期待できる。

WOMマーケティングには、マーケティングの天才も、黒しか着ない広告マンも必要ない。なぜか？　このマーケティングが、消費者とどう接するか、そして消費者が会社や商品（製品やサービス）のことを話題にしたくなる理由は何か、ということに尽きるからだ。

どんな製品にも、どんなサービスにも、クチコミは起きる。また、話題にしてもらいたいと思えば、どんなテーマや考えだろうと、非営利団体であろうと会社組織であろうと、何でもクチコミで広げることができる。

私は長年にわたってビジネスを展開しているが、一度もマーケティング予算を組んだことがない。それでも、たくさんの商品が売れた。私のこれまでの成功は、半分はアイデアのおかげ、もう半分は、たくさんの人に話をしたおかげである。そのときは意識していなかったのだが、私はずっとWOMマーケティング、すなわち人々の何気ない会話の輪に参加することを実践していたのだ。

優れたマーケティングほどシンプルである

私の元には、「どうやってWOMマーケティングを始めればいいのか」という電話やメールが、毎日何十件と届く。会社の大小を問わず、あらゆる人が始め方を知りたがっている。クチコミをテーマにした本はたくさん出ていて、優れた著作も多い。だが、WOMマーケティングの始め方をシンプルに教える本は、どうも見当たらない。

そこで本書の出番である。

この本では、コストをかけることなく手軽に始められて話題になる方法ばかりを集めた。その種類も多岐にわたる。最初は、気の利いた製品名をつける、よそにないサービスを提供する、制服で目立つ、メールの文面に気を配る、ちょっとした嬉しい驚きを顧客に与えるなど、基本的なことから始めればいい。

こういうことを言うと、「マーケティングを単純化しすぎているのではないか」と訝《いぶか》しがる人が多いが、私はそうは思わない。マーケティングは複雑であってはいけない。実際、優れたマーケティングで複雑なものはひとつもない。

本書では、最先端のテクニックはあえて扱っていない。また、広告会社を活用することも、大金を投入することも勧めていない（お金がかかる手法にもいくつか触れてはいるが、こういうものもあるとの紹介にすぎない）。もしその手のマーケティングをお望みならば、優秀な広告会社に依頼して、素晴らしいクチコミを生み出してもらうといい。

この本は、自分でＷＯＭマーケティングを行うためのものである。あなたの会社が話題になるために、自分に何ができるか――それを本書で学んでほしい。

あなたなら、きっとうまくできる。

本書を読めば、翌日から実行できるテクニックが必ず一つや二つは見つかる。それも、五〇ドルもかけず、数時間のうちにできるようなことが。そして実行に移した翌日には、あなたの会社のことを話題にする人が確実に増えている。一週間たてば、さらに増える。そうしていくうちに、ＷＯＭマーケティングの体制が整い、つねに話題にされる会社となるだろう。

クチコミを戦略的に誘発する

人は話をするのが好きである。

誰かと一緒に商品のことを話題にする。髪の色、車、コンピュータ、サンドイッチ、テレビ番組、清掃業者など、日常生活に関わりのあるものを何でも話題に持ちだす。

あなたの会社や商品も、今この瞬間、話題にされているかもしれない。たんに名前が出ただけかもしれないが、酷評されている可能性もある。痛烈に批判するレビューがアマゾンに投稿されて、その商品を買うかどうか迷っている消費者の目にとまっているかもしれない。ちなみに、アマゾンのレビューは二〇〇〇万人に読まれている。

もちろん、反対に嬉しい話題が生まれていることも考えられる。

あなたの商品のことをどれほど気に入っているか熱く語り、知り合いにも試してみるよう勧めているかもしれない。他社と比べてどこが優れているのか説明し、このメーカーならどれを買ってもハズレがない、などと力説しているかもしれない。

こうした話題は、近所の人との世間話で出ることもあれば、ブログにアップされたり、アマゾンにレビューとして投稿されることもあるが、売り手としては当然、どこであれよいことを言われたい。

実際、そう言われるようになるのは難しくない。よいことを言ってもらえるようにすること、それがＷＯＭマーケティングである。

扱う商品が不動産であろうと、ゼリーであろうとジェット機のエンジンであろうと関係ない。人は何かを買う前に、その商品についてほかの人の意見を聞こうとする。広告やパンフレットを見るよりも先に、友人や家族、同僚など、身近な信頼できる人に相談する。

ＷＯＭマーケティングとは、あなたの会社や商品のことを「話題にする理由を与えること、話題にしやすくすること」だ。会社に信頼を寄せれば、あるいは商品を気に入れば、人は知り合いにもその会社の商品を買うよう勧めてくれるものだ。だから顧客を心の底から満足させる——これがＷＯＭマーケティングのすべてだ。

このような考え方を理解し、顧客を満足させようと努めれば、ＷＯＭマーケティングは必ず成功する。

これからのビジネスモデル

本書は、マーケティングの本に分類されるが、正確には、これからのビジネスのあり方を提唱し、その実践方法について触れた本である。

これからのビジネスのあり方とは、「誠実さと尊敬の念を持つ」ということ。つまり、人を満足させることを目指すビジネスだ。その理念はいたってシンプルだ。

顧客が信頼を寄せ、ほかの人にも勧めるようになれば、あとは顧客がすべてやってくれる。
✜顧客を大事にしよう。そうすれば、彼らがタダで宣伝してくれる。
✜つねに注目を集めよう。注目されなければ存在しないも同然である。

消費者は、信頼する会社や商品をみずから誰かに勧めようとする。消費者を喜ばせ、誰かに勧めたいと思わせることができれば、知り合いを連れてきてくれる。

だが、つまらない会社や商品だと顧客が話題にしてくれない。だから多額を支払って新聞やテレビで宣伝してもらわねばならなくなる。そう考えれば、コーンフレークや歯磨き剤の宣伝が多いのもうなずけるだろう。

問題は、「どうすれば話題にしてもらえるのか」である。

「ちょっとした機転」

ＷＯＭマーケティングは、どんな規模の会社でも活用できる。人気のウェブサイトがなくても、アダルト業界にいなくても、革新的なテクノロジーがなくても問題ない。巨大企業のなかで、あなたしかこのマーケティングを理解していなくても、広告予算のない店舗の経営者でもかまわない。

話題にする〝何か〟を消費者に与えさえすればいいのだ。たとえば――

シカゴにある理髪店「マリオズ・バーバーショップ」は、私の行きつけの店である。四歳になる息子も連れていくのだが、私にはカクテルを、息子にはおもちゃの車を出してくれる。店員は男性ばかり。店員である彼らは、さすがに一緒には飲まないが、店長のマリオをはじめ、店員たちと過ごす時間は最高に楽しい。

理髪店でカクテルを出せば、話題にならないはずがない。実際、私は託児所で会うほかの父親に、よくこの店のことを話す。パーティでも話題にする。散髪の話になると、私の頭に真っ先に浮かぶのは、マリオズ・バーバーショップのカクテルだ。

話題を提供するこの店の前には、土曜日になると幼児連れの父親が列をなす（同じブロックにある理髪チェーン店は閑散としている）。

もうひとつの例。私が独身の頃、デートに使うレストランに最適だったのが、ワシントンDCにあるオテロだ。ここは女性連れで訪れると、支配人の男性が「お久しぶりでございます。ご来店を心よりお待ちしておりました！」と挨拶してくれる（私がどこの誰なのかまったく知らないというのに）。そのうえ食事が終わると、ハウスワインを一杯ずつサービスしてくれる。どうすれば女性の目に男性が素敵に映るか、この支配人はすべてを心得ているのだ。彼の機転のおかげでこのレストランが得たクチコミの数は、相当なものだろう。

「誰かに話したい」という気持ちは、本当にちょっとしたことで起こる。そういう気持ちにさせることを、セス・ゴーディンは *Purple Cow*（『「紫の牛」を売れ！』ダイヤモンド社）の中で「常識破り」と表している。話題にするだけの価値を生み出す、これこそまさにWOMマーケティングの根底をなす考え方だ。

プラスの連鎖を生むマーケティング

ＷＯＭマーケティングはネット上でしか起こらない、というのはとんでもない誤解だ。確かにネットがなければ、クチコミを瞬時に広げることはできないし、消費者が意見を共有できるようになったのも、ブログによるところが大きい。

とはいえ、これらはクチコミの一側面でしかない。ネット上で起こっているクチコミの数は二〇パーセント程度で、残りの八〇パーセントは現実世界で起きている。たいていは、まずネット上でクチコミが広まり、それから現実世界に広がる。

本書には、インターネットを使った事例がたくさん登場する。ブログやオンラインコミュニティについても取り上げている。推奨するマーケティング手法にもオンラインで行うものが多い。だがクチコミは決してインターネット上だけで起こるのではないし、インターネットを使ったビジネスをしている人しか恩恵に与《あずか》ることができないわけでもない。

クチコミは、さまざまなところへ広がっていく。かりに、初めて訪れたレストランを気に入って職場で話題にしたとしよう。話を聞いたうちの一人が、妻へのメールでそのレストランのことを話題にする。するとその妻は、いいレストランがあるらしいと四人の友人に連絡をとり、一緒にランチに出かける。そのうちの二人がパーティで会った知り合いに話し、一人がブログで記事にする。そのブログを読んだ誰かが、レストランへ行ってみようと友人に電話をかける。そして、食事をしたあと、レビューをどこかのサイトに投稿する……こんな具合だ。

WOMマーケティングが面白くなるのはここからだ。このマーケティングは、商品が優れていないとうまくいかない。消費者から気に入ってもらえ、信頼してもらえる会社でないと、うまくいかない（悪どい商売をしていると、クチコミを通じて大変な目に遭う）。

どんなに豪勢なキャンペーンを展開しようと、気の利いたテレビCMを流そうと、ウェブサイトで宣伝しようと、肝心の商品やサービスがそのとおりでなければ意味がない。消費者はもう、宣伝を真に受けたりしない。インターネットによって、真実の姿が瞬時に広がってしまうからだ。

クチコミは、粗悪な品を販売する会社や対応の悪い会社に対し、悪い評判という形で罰を与える力を持つ。悪い噂が広まれば、当然顧客を失う。

だが反対に、よい会社を無料で宣伝する力もある。優れた商品や対応のいい会社に注目を集め、売上げを伸ばす助けとなってくれる。

このことは何を意味するか。

現代のビジネス社会において、ついに「利益を追求しながら世の中のためになる」ことが可能になったということだ。政府の監督機関や消費者保護団体は、長年にわたり法律や社会的圧力を使って、消費者のことを考えるよう企業に促してきた。だが消費者を思いやることが利益になるとわかれば、どの企業も率先してそうするだろう。

誰にでもできる。利益も生まれる。商品はより消費者に好ましいものになる。そして企業には誠実さとモラルを意識させることができる――WOMマーケティングはまさによいことずくめだ。

あなたの会社や商品は、もう話題にされている

好むと好まざるとにかかわらず、あなたの会社や商品は、すでに世間で話題にされている。そうである以上、みずから関わったほうが得策だ。

話題の多くは、ネット上で起きている。何百万という人々がブログを開設し、その何倍もの人がレビューを投稿し、グーグルであなたの会社を検索している。とはいえ、現実世界で話題にされるほうが依然として多い。何かを買うときは、事前に友人や家族に相談するし、店やレストランに行くときは、そこへ行ったことのある知り合いに話を聞く。そもそも人は、誰かに尋ねられなくても、気に入った商品は勧めるし、嫌いな商品はやめておけと忠告する。

では、悪いクチコミにはどう対処すべきか？　自分の会社や商品のことを悪く言われたら、どうすればいいのか？

残念ながら、完璧な会社でもないかぎり、悪い噂も必ず立つ。

売り手には、二つしか選択肢が残されていない。世間の噂をそのまま放って言われっぱなしにするか、噂されている場に入って好ましい噂が流れるようはたらきかけるか。

噂されているなかに入っていくのは、気まずいものだ。とくに商品のことを話題にしている

ブログを見つけて、初めてその場に入るときは本当に勇気がいる。まるで、賑わっているパーティ会場で突然笑い声がやみ、全員が自分を見つめるなかに入っていくような気分だろう。だが実際はそうではない。消費者は、売り手にも会話に加わってもらいたいと思っている。扉は開かれているのだ。みなの聞く用意もできている。仲間になってほしいと待ち望まれている。だから安心して飛び込めばいい。

参加すればするほど、会話の内容がふくらみ、話題にされる機会も増えるはずだ。消費者が求める情報を提供すれば、その輪は広がり、好意的な意見が増えるだろう。

消費者の会話の輪に加わり、クチコミを広げるチャンスを最大限に生かせるようになる――これが本書の目指すところである。

I 基礎理論編

第1章 WOMマーケティングとは何か？

話題にしてもらう

まずはじめに、WOMマーケティングとは何かを定義したい。

①話題にする理由を与えること。
②話題にしやすくすること。

あるいはもっとシンプルに、「話題になるために行う活動すべて」と言ってもいい。

専門用語を使うなら、WOMマーケティングは「C2C（＝C to C）マーケティング」だと言える。マーケティング業界では、企業などの組織（Business）を対象とするマーケティングを「B2B（＝B to B）マーケティング」、一般消費者（Consumer）を対象とするマーケティングを「B2Cマーケティング」と呼ぶ。WOMマーケティングとは、売り手ではなく消費者に、商品を話題にしてもらうことである。

厳密に言えば、「B2C2C」となる。まずは売り手（B）が消費者（C）へ、話題にしたくなる理由を提供する。これがいわゆる「マーケティング」。それを消費者（C）が別の誰か（C）に伝える、これが「WOM（クチコミ）」だ。この二番目のステップがあって初めて、WOMマーケティングとなる。

私に息子が生まれてすぐの頃、妻と一緒に通りかかった近所の映画館の前で、おむつをした幼児が映画館の中で泣き叫んでいるポスターが目に入った。それは、乳幼児を連れて行ける上映会の宣伝だった！　なんと素晴らしいアイデアだろう。子を持つ親ならわかると思うが、親子で映画を観に行ける年頃になると、子どもは親と一緒のところを見られるのを恥ずかしがる。この時期を逃したら、もう一緒に映画館へ行く機会はないかもしれないのだ。

その広告を見た私たちは、すぐさま同じマンションに住む子持ちの親に呼びかけて、その上映会に一緒に出かけた。私が目にしたプロモーションは従来のマーケティング手法であり、近所の親一二人にその内容を広めたことがクチコミにあたる。

クチコミを「マーケティングに生かす」とは？

クチコミはいつの時代にもあった。それをマーケティングに活用しようという発想が、WO

Mマーケティングを生んだ。クチコミは、消費者の日常会話から自然に発生する。それをマーケティングに積極的に活用するのがWOMマーケティングである。もちろん、他のマーケティング手法と同じように実用的で、追跡調査も計画立案も可能だ。

ただし、その会話を見つけ、会話の輪に加わらなければ、せっかくのクチコミをマーケティングに生かせない。また、そのさいに情報の操作や誇張など、誠実さを欠くようなことはいっさいしてはならないことは言うまでもない。

なぜ今WOMマーケティングなのか？

昔から存在しているクチコミが、マーケティング業界から注目を浴びるようになったのは、私たちが、クチコミをマーケティングに生かせるようになったからである。

その昔、クチコミとは信頼性が低く、自然に発生するものだった。だが今や、利用可能なものへ、意図的に引き起こせるものへと変化した。

以前は、よい評判が立ちますようにと願うだけだった。特別セールを実施したり、注目を集めようと奇抜な広告を打ったりしては、話題になることを願った。それが今では、「この商品について語りたい」と思っている人々と連携し、彼らの意見を世間に伝えることができる。インターネット上に交流の場を設ければ、より多くの人に知ってもらえ、自社や自社商品について何と言われているのか、つねに目にすることもできる。

また、ブログやウェブを見れば、クチコミの広がりを追跡することも、誰が何を言っているかもわかるようになった。ネット上で繰り広げられる会話やコメントを追っていけば、話題の内容、それが話題になった理由も理解できる。

私の祖父は、テネシー州メンフィスにあるデパートで働いていたが、実は、ティーンエイジャーだったエルヴィス・プレスリーを見いだし、人前で歌うように仕向けた最初の人物でもある。祖父はデパートの駐車場に停めたトラックの荷台をステージ代わりにして、まったく無名の青年にギターを弾かせた。だが、多少話題になっただけで、世に広く認知されるまではいかなかった。

今なら違うやり方をするだろう。ウェブでコンサートを告知する。地元の音楽イベントを取り上げているブロガーにメールで知らせる。地元の高校生にビラを配る。知り合いにも伝えやすいよう、メールでも案内を送る。音楽好きが集まるSNS（ソーシャル・ネットワーキング・サービス）のマイスペースで人気の高いバンドを見つけて雇えば、そのバンドのファンも多数コンサートに駆けつけるにちがいない。いずれの方法も、安上がりで手軽なうえに、多くの人に話題にしてもらえる。

自然発生のクチコミを目指せ！

WOMマーケティングでは、マーケティング活動はあまり重視されないことが多い。このマーケティングで何よりも大切なのは、友人や知人に素晴らしさを伝えたくなるような顧客サービスや、周囲に見せびらかしたくなるような商品を提供することだからだ。

商品の質が高いと、自然にクチコミが生まれる。クチコミには、話題にしてもらうことを狙って意図的に起こすものもあり、本書では両方を見ていくが、専門家のなかには、自然に発生するものだけがクチコミとして正当である、とするむきも多い。

私も自然に生まれるクチコミを好む。消費者の商品や企業に対する尊敬の念がよい評判を生む、と信じているからだ。話題にせずにはいられないような商品を提供することこそが、最高のマーケティングである。好きな企業や商品を応援しようとする消費者に勝る宣伝はない。

話題にせずにはいられない商品と言えば、ティーボが挙げられる。アメリカでは、このテレビ番組録画機能付きのビデオレコーダーのことを誰もが知っている。だがこれほど有名になったのは、広告のおかげではない。実際、宣伝活動はほとんど行っていない。

ティーボを使うと、その機能の虜《とりこ》になる人が続出する。ひとたび虜になると、彼らはティーボの話をやめない。知り合いや友人を自宅へ引っ張り込んでは、ティーボの機能を見せる。商品を愛するあまり、そのよさを人に伝えずにはいられなくなるのだ。

OXOの台所用品、ハーマンミラーのアーロンチェア、カンペールの靴の愛用者にも、同じように熱狂的なファンが多い。ヤンキースのファンやロックバンドに夢中なティーンエイジャーも同じだ。

話題にせずにはいられないと顧客に感じさせる商品は、自然にクチコミを生む。

もちろん、類まれな顧客サービスでもクチコミは生まれる。アメリカ五大デパートのひとつ、ノードストロームが行っている「いつでも返品に応じます」というサービスや、レンタカー会社のエンタープライズ・レンタカーが顧客の自宅まで迎えに行くサービスは、誰もが知るところとなっている。

私が利用している携帯電話会社とウェブホスティング会社［訳注：インターネットに情報を発信するコンピューター（サーバー）の容量の一部を間貸しする会社］は、他社と比べると少し料金が高めだ。そのかわり、問い合わせの電話をかければワンコールで応答があり、たいていの問題はその場で解決してくれる。もちろん、どの会社と契約すべきか悩んでいる人には、「この会社以外考えられない！」と言って勧めている。

アイオワ州フェアフィールドに、カンファレンス・コールズ・アンリミテッドという会社がある。電話会議サービスを提供するこの会社は、規模は小さいが、サービスは群を抜いて優れている。

一般に、電話会議サービスはどこも似たようなものなので、他社との差別化が難しい。企業相手だから広告も高くつくわりに効果は少ない。そこで、カンファレンス・コールズ・アンリミテッドは何をしたか？　いっさいの広告をやめ、ひたすら顧客サービスの向上に努めたのである。顧客のためなら何でもやる。あらゆる手間を惜しむことなく、完璧に顧客をケアする。

一見、地味なサービスだが、彼らに頼むと実に気持ちがよく、なぜか電話会議サービスそのものにまで興味がわいてくるから不思議だ。

当然ながら、彼らに対するクチコミは称賛の嵐である。この小さな会社が取り上げられるのは、本書が初めてではない。

従来のマーケティング手法に従っていれば安心、という時代は終わった。そうしていれば気は楽かもしれないが、効果は期待できない。これからは、顧客満足に意識を集中せざるをえないのだ。

WOMマーケティング、四つのルール

ルール① 注目を集める

存在感のない会社、代わり映えのしない商品、つまらない広告——そんなものについて話したい人はいない。話題にしてもらいたいなら、何でもいいから人目を引く必要がある。つまらないと思われたらおしまいだ。クチコミは広がらず、いつしか忘れ去られていくだろう。

たとえば、あなたが広告の発注、新商品の発表、新メニューの追加投入を考えているなら、まずはこう自問してみてほしい。「それをやったら、誰かに話したいと思ってもらえるだろうか？」

シカゴのベーグルショップ、シカゴ・ベーグル・オーソリティは、五六あるベーグルサンドすべてに、「不器用なパパ」「チーズの誘惑」といったユニークな名前をつけた。また、ニューヨークの人気カジュアルレストラン、カーネギー・デリには、高さが二〇センチ近くあるコンビーフサンドイッチがある。通常サイズであっても美味しいにはちがいないが、尋常でない大きさにしたおかげで、観光客がニューヨークの土産話としてこのサンドイッチのことを語ってくれる。

ニューヨークには、おそらく何百という靴磨きのスタンドがあるが、誰もがこぞって行くのは、グランド・セントラル駅構内のエディーズだ。ここには、大きくて最高に座り心地のいい年代物の赤い革張りの椅子があり、その椅子に座ると、一日の終わりの数分を王様のような実に快適な気分で過ごせる。かくして、「数あるスタンドを通り過ぎてでも行くだけの価値がある」というクチコミが広がったのだ。

このように、話題にする「理由」を提供するよう心がける——これがポイントだ。

安易に広告に頼る前に、ちょっと立ち止まって考えてみてほしい。いったいどれほどの金額を投入しようとしているのか、を。世界中の人々が、日々何百という広告の前を通っているが、ほとんどの人は、その存在に気づきもしない。

話題にしてもらえる確信がないなら、広告など打たないほうがいい。

ルール② 広めやすくする

クチコミは勝手には広がりにくい。広めるには手助けが必要だ。

やることは二つ。伝えたいメッセージをできるだけシンプルにまとめること、そしてそのメッセージを多くの人に知ってもらうようにすることだ。

まずは、誰でも簡単に覚えられるキーワードを考えてほしい。「このソフトウェアはフリーズしません」「チョコレートクリームチーズ味が登場！」「席が空くのをお待ちくださるお客様にはお菓子を差し上げます」「こんな名前ですが、よく働きます」……。必ず一文で言い切ること。それ以上長いと忘れられてしまうか、きちんと覚えてもらえない。

コンピュータ業界のマーケティングでは、今も昔もスティーブ・ジョブズの右に出る者はいない。一九九六年、経営不振に陥ったアップルを立て直すために同社に戻った彼は、いったい何をしたか。ソフトウェアの素晴らしさを語った？　ＯＳの安定性をアピールした？　違う。ピンクやパープルのコンピュータを発表したのだ。

そのマーケティング戦略は画期的だった。世間はアップルの新製品の話題でもちきりになった。そして再び、アップルのよさがクチコミで広がった。「カラフルなコンピュータ」という話題にしやすいキーワードのおかげで、見た目の斬新さが知れわたり、肝心の性能についても関心が集まった。

あなたも、クチコミで広めてもらいたい商品ができたら、それを広めやすくする工夫を凝らそう。ちょっとした工夫がいろいろできるはずだ。たとえば、自社のHPやパンフレットで告知をしても情報はそこで止まったままだが、メールで送れば広まりやすくなる。

ルール③ 顧客を満足させる

満足している顧客は、最高の広告塔である。

あなたは、顧客が喜ぶことをしているだろうか。素晴らしい商品をつくる、優れたサービスを提供する、普通以上のことをする、思い出に残る体験を提供する、問題を解決する……、何をするにせよ、周囲に話したくなるほどの喜びや感動を与えるよう心がけること。

気に入れば、人はまわりの人に勧める。気に入った商品や会社に協力したいと思うようになり、そのよさを身近な人にも味わってもらおうとする。満足する顧客を生み出すこと、それが、クチコミを広める最良の方法なのである。

顧客に愛されるブランドには秘密がある。一九九九年、GM（ゼネラルモーターズ）の系列ブランド、サターンの車に乗った六万人が、テネシー州スプリング・ヒルにある製造工場を訪れる、という出来事があった。

実はサターンが、「サターン・ホームカミング」というイベントを催し、車を「里帰りさせる」という名目のもと、車の所有者を製造工場に招待したのだった。このイベントは絶大なクチコミ効果をもたらした。もちろん、サターンに心底惚れ込んでいる顧客がいなかったら、これほど話題にはならなかっただろう。彼らは、このブランドが本当に好きだった。会社の姿勢にも共感していた。親身になって相談に乗ってくれる営業員や値引きを行わない方針が、顧客の味方だと感じさせた。サマータイムの前後に送られてくる時計表示変更を促す通知も、顧客にとっては嬉しい驚きだった。

こうした素地があったからこそ、サターンの所有者は口々にそのよさを知り合いに語った。自分によくしてくれる企業を応援したいと思うようになったのである。

小売店で評判が高いと言えば、ディスカウントチェーン大手のターゲットだ。この店を熱狂的に支持するファンは多い。洒落た商品を取りそろえていながら価格も手頃。店内は清潔で、店員は気さく……。ここに行くと、女性は気分をよくする。私の妻は「ターゲットに行くとレディになったような気分になるわ」と言う。

もちろん、彼女は会う人ごとにこの店の話をする。

ルール④　信頼と尊敬を得る

尊敬されないと、よい評判は立たない。信頼できない会社や好感の持てない会社のことをよく言う人はいない。

つねに誠実であることを忘れないでほしい。何事においてもモラルを忘れないこと。顧客と接するときは、満足してもらおうと努めること。相手の話に耳を傾け、喜んでもらえるよう全力を尽くすこと。得意になって話題にしてもらえるようにしよう。

サウスウエスト航空は、顧客からの信頼の厚さにかけては世界一と言っても過言ではない。顧客が面倒に思うことはほとんどさせず、接客態度も素晴らしい。同社は従業員も大事にしている。リストラはしないと公言し、業界水準以上の賃金を支払っている。それゆえみなに愛されている。二〇〇一年の同時多発テロの影響で利用者が減少したときは、経営の足しにしてほしいと現金を送った人もいたほどだ。サウスウエスト航空の評判が高まったのは、大勢の人のクチコミによるところが大きい。

どんな会社も、今以上によくなれるはずである。そして、どの従業員も、顧客に今以上によい印象を持ってもらえるよう努めることができるはずだ。

私はワシントン・ミューチュアル銀行を利用している。業務内容は他の銀行とほとんど変わらない。でも、ここは実に素晴らしい。本当に、信じられないくらい素晴らしいのだ。行員のトムとアビーは、私と妻の名前ばかりか、生まれたばかりの娘の名前まで覚えてくれている。娘が銀行を利用することはほとんどないというのに。

一〇年前までは、国内トップ3に入る老舗の銀行を利用していた。一時は会社の口座残高が一〇〇万ドルを超えることもあったが、その銀行の担当者は、小切手の現金化を直接請け負うことも、私からの電話をとることもほとんどなかった。しばらくすると、不当に思える手数料が導入され、この銀行に対する信頼が徐々に薄れていった。私と同じように感じた人々から悪い評判が立ち、かなりの預金が対応のよい別の銀行へ流れた（その後二〇〇八年に、この銀行がワシントン・ミューチュアル銀行を買収した。信頼、敬意、良心が官僚的制度を払拭することを切に願う）。

話題にする理由は三種類

クチコミを有効にマーケティングに生かしたいなら、どんな動機から話題にするのかを明確に理解しないことには始まらない。

人は、意見を交換し合うことが好きだ。何かに対する気持ちや意見を披露したい。自分の買った商品についても同様で、エッチなものや笑えるものからありふれた日用品まで、何でも話のネタにする。

人が何かを話題にするときには必ず理由がある。その理由は主に次の三つだ。

理由①　企業や商品の何かに惹かれる

人は、「誰かに話したい」と思う商品やサービスを話題にする。商品が好き、対応がいいと思ってもらえれば、消費者の関心を引くことに成功したと言っていい。

要するに、話題にしたくなる理由を消費者に提供するのだ。世間の関心が高まるほど、人は

人が話題にするときの三つの理由		
売り手が提供する理由	個人的な理由	仲間意識からくる理由
商品：売り手や商品のことを話したい	自分の気持ち：よい気分を味わいたい	仲間意識：誰かとつながっていたい
●商品（ブランド）に好感を抱いている	●賢いと思われたい	●ブランドの一員だと思っている
●商品（ブランド）に反感を抱いている	●誰かの役に立ちたい	●コミュニティに属している
●話題にする何かが提供されている	●「自分は特別」と思いたい	●ファンクラブに加入している
●話題にしやすい環境が整っている	●自分を表現したい	●ブランドと協力関係にある

話題にしたくなる。理由もなしに、商品を好きになったり嫌いになったり無関心になったりはしない。

話題にしてもらいたいなら、「誰かに話したい」という欲求を呼び起こすこと。好感を持ってもらえば、よい評判を期待できる。反対に、不快感を抱かせてしまったら、クチコミを気にする前に、その対処が必要になる。何の印象も与えられなければ、それもやはり問題だ。

商品が優れていればクチコミは自然と起きるが、それはあくまでも受け身である。

「バーベキューセットが欲しいんだけど、どんなのがいいかしら？」

「うちはウィーバーのセットを使ってるわ。なかなかいいわよ」

このように、尋ねられたときにしか話題

にのぼらない。

　でも、話題にしたくなる「何か」があれば、クチコミはもっと広がる。何かがある商品ほど、会話のなかに登場する機会が増える。人は、普通以上の満足感を得たときに、積極的に勧めようとしはじめる。

「ねえ、ちょっと聞いて。私が買ったバーベキューグリル、豚肉がすっごく美味しく焼ける機能がついてるの。絶対これに替えたほうがいいわよ！」

　話題になるのに、複雑な機能も高い価格設定も必要ない。たとえば、ゼブラのF－301という二ドルのボールペンは、一見どこにでもある代物だが、これが実に優れている。技術的には他と大差ないが、デザインのよさ、ステンレス製のボディ、そしてなめらかな書き心地について、つい誰かに話したくなるのだ。実際、膨大な量のクチコミが広まり、数多くの愛用者が生まれた。ファンになった人々が書き込んだ商品レビューは数百、ブログでも相次いで取り上げられた。みんな、二ドルのボールペンの魅力を伝えることに夢中になったのだ。

　誰かに言いたくなる何かを提供するとは、商品や顧客サービスや企業の見せ方に工夫を凝らすということである。ありふれた存在のままでは、話題にする理由が生まれない。話題にしたくなる何かを提供しつづける必要があるのだ。

　熱狂的なファンに対しても、彼らを飽きさせないようつねに目新しい何かを提供せねばならない。その手間を惜しんでいては話題にしてもらえない。そのかわり、ひと手間かけた暁には、彼らは確実に世間に話題を広めてくれる。

ハンバーガーチェーンのホワイト・キャッスルは、小ぶりで四角いハンバーガーと、その値段の安さでアメリカ国民に愛されている。クチコミで評判も聞こえてくる。同店を舞台にした映画まである。だが、日常的に話題にのぼるわけではない。そこでホワイト・キャッスルは「バレンタインデーにテーブル席の予約を受け付けます」と発表した。バレンタインデーにファストフード店でディナーとは、なんと酔狂なアイデアか。話題にせずにはいられない。

ここまで頭をひねる必要はないにしても、目新しさを感じさせることは重要だ。プロモーションをする、レポートを発表する、セールを実施する、新たな商品ラインを追加する……何でもいい、自社商品を話題にしてもらうにはどうすればいいか、真剣に考えてみよう。

理由その② 自分の気持ち（そして自分）をアピールしたい

人が話題にする理由を突きつめると、商品の特徴よりも、それに対して自分がどう感じたかを伝えたいという気持ちによるところが大きい。自分の気持ちを誰かに話したい――この感情は非常に強いものだ。

賢いと思われたい　好きな分野に関してはプロ顔負けの知識があるという人はたくさんいる。オンライン・コミュニケーションの登場以降、知識を披露したい人はこぞってブログや自分のウェブを開設するようになった。彼らは掲示板で質問に答えたりもする。誰でも気軽に尋ねられる、ネット上のアドバイザーとなっているのだ。

そんな彼らを、さらに尊敬を集める存在にしてあげよう。ニュースレターを配信するなど、関係者だけが知っている情報や商品の詳細を教えるといい。情報が多いほど、彼らにも喜んでもらえるはずだ。

誰かの役に立ちたい　賢いと思われたい人は、その気持ちの陰に、誰かの役に立ちたいという高尚な動機も伴うものである。自分の得た知識に喜びを感じ、ほかの人にも自分と同じ知識を得て喜んでもらいたいと考えるのだ。

彼らは、悪質なブランドの商品を購入する人や、劣悪な商品に困っている人を見るのが我慢ならない。店内でどれを買おうか悩んでいる人を見つけたら、頼みもしないのに自分が最高だと思う商品を勧めてくる。お節介といえばお節介だが、純粋に役に立ちたいと思ってのことである。

たとえばＭａｃユーザーには、マッキントッシュというブランドへの思い入れが強いあまり、みんなに使ってもらいたいと考える人が多い。Ｍａｃを使うほうが暮らしがよくなり、ひいては地球に平和をもたらす、と本気で思っている人もいる。

自分の喜びを分け与えたいと思っている人には、分け与えやすくしてあげよう。サンプル品やパンフレットを渡して配ってもらってもいいし、メールでメッセージを送り、転送を促してもいいだろう。

「自分は特別」と思いたい　商品のことを尋ねられるのが好きだという人もいる。この手の人は、「通」だと思われることが無上の喜びである。アドバイスを求められれば求められるほど、自分が特別な存在に思えてくる。その道の権威のように扱われるのが気持ちいいのだ。このタイプの消費者を見つけたら、彼らだけの特別なステイタスを与え、商品について意見を求めるとよい。

航空各社はマイルが貯まる特典を設けているが、以前はそれに加えて、荷物にゴールドのタグをつけるサービスもあった。このタグをつけてもらった客は、そのことをまわりに話した。ひと目で特別扱いだとわかるものは自慢したくなるし、その会社の身内になったような気持ちになるからだ。

あなたも、消費者に、自分は特別な存在だと感じさせよう。得意客の呼称をつくる、選ばれた人だけが買い物できる時間帯を設ける、最新情報をいち早く提供するなど、工夫の余地はいろいろあるはずだ。

理由その③　誰かとつながっていたい

誰かとつながっていたいという欲求は、人間の感情のなかでもとりわけ強く、抑えがたいものである。そして、商品について語るという行為は、誰かとつながるための一手段である。お気に入りのジーンズ、車、店、ビールの銘柄など、すべては自己表現の手段なのだ。

同じ興味を持つ者同士が集まって共感し合うと、心が満たされる。贔屓《ひいき》のスポーツチームや好きなバンドが同じ人に仲間意識を覚えるように、車や衣服の好みが同じ人にも親近感が芽生える。仲間ができるとその商品を応援したい気持ちが高まり、周囲に広めようとする。

ハーレーダビッドソン、マッキントッシュ、ニコンなどのブランドには、熱狂的なファンによるグループができている。商品について誰よりも話題にしてくれるのは彼らだ。企業側は公認するのが一番だ。さらに、Tシャツや帽子、ステッカーなどを提供し、メンバーが集《つど》えるイベントを開催するのもよい。

このタイプの消費者には、自分もブランドのビジネスに関わっている、ブランドの一員である、と感じてもらうことが大切である。

クチコミの妨げとなるもの

特典・報償　愛情に金銭をからめるとろくなことがない。クチコミを広めてもらうかわりに見返りを提供しても、まず失敗する。なぜか。見返りがあると、悪いことをしているような気持ちになるからだ。世の中には売ってはいけないものがある。友情、恩、そして、クチコミだ。

クチコミを広めるのは、その商品やブランドが好きだからか、その話をすると気分がいいからかのどちらかである。誰かに勧める見返りに金銭（あるいは、割引、ポイント、マイルなど）を受け取れば、後ろめたさを感じて勧めづらくなってしまう。誰かに勧めようとした瞬間、「見返りをもらっていると知れたら、二度と信用してもらえなくなる。それくらいなら何も言わないほうがいい」という考えが頭をよぎる。

誤解のないよう断っておくが、特典や見返りを与えるのは道義に反するからいけない、と言っているのではない。クチコミの数が減ってしまうからである。

誰かに伝えたいという強い衝動からクチコミは生まれる。そうした思いや、その思いから生じるブランドへの共感を、決してないがしろにしてはいけない。クチコミの交換条件に報償を提示すれば、心からブランドを愛する消費者の気持ちを深く傷つけることになる。

WOMマーケティングでは、好意的な消費者の気持ちを忘れてはならない。彼らの気持ちになれば、見返りを受ければ傷つくのも当然だと理解できるだろう。また、この立場で発想すれば、従来のマーケティングとは正反対の手法になるはずだ。

新規会員を紹介した人に特典をつける企業は多い。入会を誘うメールやハガキが友人から届くと、私はいつもこう思う。「そりゃあ、君は五〇ドルもらえるからいいだろうさ。でも、私には何の得があるっていうんだ？」。この誘いのせいで、「友人対友人」の間柄が、「勧誘員対見込み客」の構図に変わってしまう。親しい友人や身内であっても、見返りをもらう前提で誘われれば、彼らに対する信頼の気持ちが薄れる。

これに対して、アメリカの通信会社MCI（現在はヴェライゾン傘下）が行った「友人・家族キャンペーン」は、紹介する側、される側の両方にメリットのあるものだった。友人を紹介すれば、紹介者と友人それぞれの電話代が割引になった。このやり方ならみんなが満足する。優れたWOMマーケティングのひとつだ。

露出が多すぎる　過剰な露出はクチコミを殺してしまう。誰もが知っていることは、誰も話題にしないからだ。今さら、「ねえ、『ダ・ヴィンチ・コード』って知ってる？」と言っても、しらけた顔をされるだけだ。クチコミが生まれるのは消費者が目新しさを感じたとき——この点は、当たり前のようでつい見落とされがちである。インラインスケートも、ウォークマンも、初めて世に出たときは誰もがこぞって話題にしたが、もう話題にはならない。

話題になった特徴をないがしろにする　クリスピー・クリーム・ドーナツは、クチコミで人気に火がついたが、露出が大幅に増えた結果、誰も話題にしなくなった。このドーナツはかつて、世界一美味しいドーナツの店だった。「揚げたてのドーナツが食べられる」とのクチコミが、すさまじい勢いで広がった。店舗には「Hot Now!（揚がりました！）」の大きなネオンサインが掲げられ、ドーナツができあがるとその文字が点灯した。

クリスピー・クリーム・ドーナツが町にあれば、それだけで一大事、観光客までやってきた。誰もがこのドーナツを手に入れようと夢中になった。私の妻も、大学時代の友人を訪ねてオハイオ州トリードへ赴いたときに、揚げたてのクリスピー・ドーナツを食べに出かけた。トリードには、一・五キロほど離れて二店舗あった。妻と友人は、「Hot Now!」のネオンが点灯するまでその二店舗間を何度も車で往復し、点灯したのを見るやいなや店内に駆け込み、あつあつのドーナツをほおばった。

本当に、ありとあらゆる人が、クリスピー・ドーナツのことを話題にしていた。クチコミの神様が、このドーナツとドーナツの美味しさを追求した企業の真心に微笑みかけたのだろう。

ところが、しだいにダンキンドーナツのような大衆化を目指すようになって状況が変わった。クリスピーがクチコミで広がったのは、手に入れられる場所が限られていたからであり、揚げたてが食べられたからである。それなのに、冷めて固くなったドーナツがあちこちの店に置かれるようになってしまった。クチコミの的だった特徴、クリスピーの特別感は消え失せてしまった。ガソリンスタンドの売店で買えるような食べ物を、話題にする人はいない。

WOMマーケティングの五つのT

クチコミは、思いがけず起こることもあれば、十分に計画を練ったキャンペーンのおかげで起こることもある。いずれにせよ、勢いよく広めるには、押さえておくべき基本事項がいくつかある。

それは、トーカー（Talker）、トピック（Topic）、ツール（Tool）、テイキング・パート（Taking Part）、トラッキング（Tracking）の五つであり、これらを「五つのT」と呼ぶことにする。

①トーカー：誰が話題にしてくれるか
②トピック：何を話題にしてもらうか
③ツール：どうすればメッセージが広まりやすくなるか
④テイキング・パート：どうすれば会話に加わることができるか
⑤トラッキング：世間では何と言われているか

クチコミで成功した事例を何百と検証したが、どの場合も必ずこの五つが考慮されていた。

一夜にして有名になったシリコンバレーの起業家、卸売り専門の製造業者、全国展開するチェーン店、個人経営のレストランなど、事業の大小にかかわらず、すべての企業が五つのTを有効に活用していたのである。

クチコミを広めるための策を講じるときは、必ず五つのTをひとつずつ検討し、自社商品にどう当てはめられるかを考えるようにしよう。そうすれば、クチコミを有効にマーケティングに生かせるようになる。

①トーカー：話題にしてくれる人を見つける

トーカーとは、企業が発信するメッセージを広める熱意があり、かつ、そのメッセージを伝えたい相手がいる人を指す。「インフルエンサー」「エバンジェリスト」と呼ばれることもある。

トーカーはふつう世間一般の人である。なじみの客やかかりつけの医師、近所の人、友人など、誰もがトーカーになる可能性を秘めている。新規の顧客が商品に惚れ込むこともあるし、熱心なファンがPRを買って出てくれることもある。また、企業のマーケティングプログラムの協力者としてクチコミを広げる人や、たまたま自身のブログで取り上げた人もトーカーと言えるだろう。

あなたのまわりにも、トーカーがいるはずだ。いつも誰かの旅行の相談に乗っている近所の人、町中の医者を知り尽くしている友人、夕方早い時間から飲める店に詳しい同僚……。どんな商品にも、トーカーは必ずいる。あなた自身も、何かのトーカーだろう（よくアドバイスを求められるものがあるのでは？）。

自分が気に入っているものを周囲にも教えてあげたいと思えば、人はトーカーになる。気に入っている商品やブランドから、話題にする「何か」が提供されれば、彼らはそれを話してくれる。それ以上は何もする必要はない。

タレント、ジャーナリストといった流行を仕掛ける立場の人は、トーカーではない。日常的に自分の好きなことを話題にするとなれば、ベルボーイやタクシー運転手、社内にいるコンピュータに詳しい人などのほうがはるかに上だ。

トーカーは、思っている以上に身近に存在している。たとえば、毎日顔を合わせる常連客はどうだろう。彼らに協力を求めたら、喜んで引き受けてくれるかもしれない。

ロックバンドのファンは、友人たちに声をかけてファンを増やそうとする。バンドの存在を広めたいのだ。そのためなら出費（CD、コンサートチケット、Tシャツやポスターなどのグッズを購入する）も厭《いと》わない。

②トピック：話題にする理由を提供する

自分の商品にとってのトーカーが特定できたら、次の課題は、彼らが誰かに話したいと思うような話題づくりだ。

どんなクチコミも、広めたいトピック（メッセージ）をつくらなければ始まらない。とはいえ、トピックに決まりはない。特別なものである必要もない。特別セール、ひと味違うサービス、便利な新機能、珍しいフレーバー、面白いネーミング、デザイン性の高いパッケージなどを打ち出せば十分だ。

いつどこでも話題にできて、言いたいことが誤解なく伝わる――これがよいトピックの条件である。

アメリカのコマース銀行は、顧客サービスに定評がある。この銀行のモットーは、「アメリカ一便利な銀行」だ。ロビーには、「ペニー・アーケード」という両替機が設置されていて、誰でも無料で使えるようになっている。両替サービスを実施する銀行が少ないことも手伝って、「口座を持っていなくても、コマース銀行に行けば小銭を紙幣に両替できる」とクチコミで広がった。

格安航空会社のジェットブルー航空が機内テレビを導入したときは、大きな話題となった。飛行機の座席でテレビが見られるのは、今では当たり前になっているが（三万フィート上空では、未だテレビショッピングと古いドラマしか流れないが）、非常にわかりやすいトピックだし、話題にもしやすかった。それに、同社の存在と、テレビ以外のよさについて思い出してもらえるきっかけになった。ジェットブルーがいくら「効率性と顧客サービスの充実を追求し、低料金で質の高いサービスを提供するビジネスモデル」を実践していても、これを話題にする人はいない。でも、「ねえ、ジェットブルーでテレビが見られるようになったんだって！」と言いたくなる人ならたくさんいるだろう。

人は案外、取るに足らないようなことを話題にする。自分のメールボックスを見てみればいい。ジョークや動画、クーポンなどが知り合いから送られてきたことは一度や二度ではないはずだ。

③ツール：トピックを素早く広範囲に広める

たとえ最高のトピックをつくったとしても、それを広めるにはちょっとした努力がいる。クチコミをマーケティングに最大限生かすには、トピックを広めやすくする環境を整えることが大切だ。マーケティングにクチコミが用いられるようになったのは、クチコミを広めやすくするツールの進化によるところが大きい。たとえば、複数の人に簡単に転送できるメール、ウェブサイトの商品購入ページに設置する〈友達にすすめる〉ボタンなどは、非常に効果的かつシンプルなオンラインツールの例だ。

店舗やレストランの場合は、持ち帰って誰かにあげられるような、メニュー表やクーポン券などを用意しておくとよい。自然派スキンケアブランドのキールズ化粧品は、店頭で無料サンプルがもらえることで有名である。手ぶらで店を後にすることはありえない。しかも、必ず二つ以上もらえるので、友人にもあげられる。よさを広めたいと思ってくれている消費者のためにも、広めやすくなることなら何でもやろう。

雑誌業界は、顧客のそうした思いをずいぶん前から察知していた。多少行き過ぎの感はあるが、雑誌に定期購読の申し込みハガキが挟んであるのには、れっきとした理由がある。雑誌は、友人のものを読むなどして、買わずにすます人がかなり多い。そうした人に定期購読を促すために、申し込みハガキを挟んでいるのだ。

特別セールや商品の独自性といったトピックには、それだけで話題にする価値がある。だがこれに、メールという誰にでも気軽に転送できるツールが加われば、マーケティング効果は飛躍的に高まる。ブログを開設すれば、ファンや愛用者の声をじかに知ることができるうえ、企業側のメッセージを知ってもらえる場所にもなる。コミュニティをつくれば、あちこちで行われていた会話を一カ所に集める家のような役割を果たしてくれる。セミナーを開くのもいい。商品や企業について理解を深めてもらえば、消費者のなかで応援したいという気持ちが高まるはずだ。

④テイキング・パート：話題になっている場に参加する

クチコミの広がりを加速させるツールを確立できたら、次は、みずから会話の輪に入り、話題の鮮度と勢いを保つことを考えねばならない。

自分の商品のことが話題になっている場へ入っていくのは、想像しただけでナーバスになりがちだ。だが、ひとたびその場へつながる扉を開いたら、もう後戻りはできない。

あなたの商品について意見を述べている人には、きちんと答えよう。届いたメールには返信しよう。ブログを開設しているなら、コメントを受け付けよう。掲示板でのやりとりにも参加しよう。電話で問い合わせがあれば返答しよう。ブログで取り上げてくれた人には、感謝の気持ちを伝えよう。不満の声を見つけたら、その原因を追究し、対策を講じよう。誠意をもって協力的な態度を示そう。そして、感謝の心を忘れずに感じのよい対応を心がけよう。

もし会話に参加しなかったら？　会話そのものがなくなってしまう。えらぶっていると誤解されたら、悪口に変わる。

もちろん、会話に参加するのは怖い。とくに最初はひどく緊張するだろう。否定的な意見を言われたり、激しく罵倒されるかもしれないから、そうした意見に対処する担当者も決めねばならない。だが会話に参加すれば、好意的な気持ちや誰かに広めたいという意欲が消費者のなかに生まれ、長期にわたって強固な信頼関係を築ける可能性も高まるのだ。

⑤トラッキング：話題の中身を調べて把握する

話題になっている場に参加するようになったら、次は、話題を追跡し、何と言われているかの確認だ。

ブログやオンラインコミュニティでは、ふと思ったことが書き記されている。「今日はサンドイッチを食べました。おいしかった〜。みなさんもサンドイッチは好きですか？　サンドイッチについて語りましょう！」という具合だ。

オンライン上の会話は、マーケティング上、貴重な財産だ。会話のやりとりに注目していれば、ブランド、広告、商品に対する消費者の本音が見えてくる。そうして得た情報は、従来の調査方法からはじき出されるデータよりも正確で、しかも早く入手できる。それも無料で。

ケーススタディ：インテュイットの場合

クチコミで高い評判を得ているソフトウェアに、クイックブックスという会計ソフトがある。一般に、小規模事業向けの会計ソフトには面白みが少ないが、同ソフトの製造元であるインテュイットは、五つのTを活用してクチコミを広げることに成功している。

✤会計関連商品のクチコミは、会計士から生まれることが多い。だがインテュイットは、会計士ではなく、経理についての疑問を尋ね合う小規模事業主の集まりに「トーカー」の可能性を見いだした。そこでは、配管工、グラフィックデザイナー、美容師など多様な職種の人が集い、事業運営に役立つ商品を教え合っていた。

✤その新たなトーカーの言葉が、そのまま「トピック」となった。彼らは友人や知り合いにこう告げていた。「大丈夫。会計についてわからないことがあっても、クイックブックスのユーザーサイトに行けば教えてもらえるよ」

✤インテュイットは、クイックブックスのユーザーが集えるウェブサイトを開設していた。これが「ツール」である。ソフトを所有していない人でも自由にアクセスして質問できる。個人で配管業務を請け負っている配管工がそのサイトにアクセスし、彼と似たような立場の人たちと意見を交わすこともできるし、ソフトの体験談や便利な使い方などの情報交換も可能だ。これまで一対一の会話のなかで行われていたやりとりも、何百万人という潜在顧客に見てもらえる。

✤ウェブサイトには、インテュイットの社員も「参加」している。あらゆる部署の社員に参加を奨励し、ユーザーの疑問に答えたり、アイデアを出し合ったり、問題を解決したりと、会話の輪に入っている。ソフトウェアメーカーには電話にすら応じないところが多いだけに、この姿勢で信頼を増し、クチコミがさらに広がった。

✤インテュイットは、ウェブサイトへの書き込みを詳細に記録・分析することで、クチコミの内容を「トラッキング」している。そこから、うまくいったこと、問題点、改良すべき点、顧客に喜んでもらえる方法などを検証している。

次のことを肝に銘じてほしい。消費者や消費者同士の会話を操る目的で策を講じたり、スパイ行為をしたり、ウソをついたりすることは、モラルを欠いた行為である。そんな形でクチコミを起こしても、絶対に長続きしない。

誠実さをもってマーケティングに臨んでいれば、モラルを欠いた行為に手を染めることはない。やろうとしたところで、必ずばれる。ズルをしようとしたことが公になり、世間に知れわたる。

WOMマーケティングは、企業の指示のもとに商品を宣伝する、いわゆる「サクラ」を使うマーケティング（ステルスマーケティング）とは違う。身元を偽ってオンラインチャットに参加する、ウェブサイトにウソのレビューを載せる、熱心なファンのふりをした社員を送り込む……、いずれもWOMマーケティングではない。

誠実にマーケティングを行おうとすれば、サクラを使う行為やヤラセなどとは正反対の姿勢になる。

WOMマーケティングは、消費者の意見に耳を傾け、彼らにメッセージを届けることがすべてである。これに対してステルスマーケティングは、消費者をウソでひっかけようとする。ウソをついて顧客と良好な関係など築けるはずがない。

ズルやヤラセは必ず破滅する。今日の消費者は賢く、自分の目で物事を確かめる。ウソをついていると知ったら、その証拠を集めて世間に公表するだろう。消費者の声には、不正をはたらく企業に手痛いダメージを与えるだけの力がある。

ウソのクチコミは広まらない

クチコミがマーケティングとしてうまく機能する道はただひとつ、好き嫌いを正直に話せる相手との会話で生まれる場合である。

クチコミは捏造《ねつぞう》できない。信憑性《しんぴょうせい》のないメッセージが発信されても、クチコミとして広まらない。ほんのしばらく一部の人を騙《だま》すことはできるかもしれないが、いずれウソだったとばれる。そうなれば、恥をかき、敵をつくり、売上げを落とす。

レストランの関係者が、客を偽ってウェブサイトにレビューを投稿しても、すぐに自作自演だとばれる。どれほどうまく客を装っても、サイト管理者は自作自演をかぎ分ける。サイトの信頼を保つのが彼らの仕事である。つねにチェックの目を光らせている。

もっと大胆に、同じレビューを複数のブログや掲示板に投稿しても、やはり結果は同じだ。自作自演でないと言い張っても、メッセージの内容を投稿先ごとに変えても、複数の名前を使い分けても、やはり誰かが気づく。投稿の数が多いほど、気づく人の数も増える。不審に思った誰かがちょっと検索すれば、あちこちに同じレビューを投稿していることがすぐにわかる。

するとどうなるか？　レビューに書き込んだ褒め言葉が、すべて否定される。ウソのレビューを読まされたネットの閲覧者たちは、騙されたと感じる。そして、ネット上でそのレストランに対する攻撃が始まるだろう。売上げアップどころか、多大な損失を被ることになる。

ありのままの自分を見せる

ブログや掲示板などには、商品の関係者だと名乗ってコメントを投稿しよう。それも、できるだけ頻繁《ひんぱん》に。ただし、やり方には注意が必要だ。

ウソつきとなるか、誠実な参加者となるかは、立場を公開するかどうかで決まる。自分の氏名と立場を明らかにしたうえで、一ファンとして参加すればよい。また、商品について語る場では、商品の関係者なのか、一般消費者なのかを最初に表明するよう参加者に呼びかけるべきだろう。

数年前、ソニーは新作カメラのプロモーションで大失態を犯した。役者に観光客のふりをさせて新作カメラを持たせ、道行く人々に「シャッターを押してもらえませんか」と頼ませたのだ。観光客がサクラだったと判明すると、消費者は怒りを露わにした。勝手に利用されたと感じたのだ。

では、どんなプロモーションなら怒りを買わずにすんだのか。たとえば、「VIPモニター」キャンペーンはどうだろう。新作カメラのモニターとなってくれる「VIPモニター」を募集するのだ。モニターに登録した人にはメンバーズカードを発行し、メンバー限定の帽子とキャリーケースを進呈する。「特別扱いされている」と感じてもらえることをするのだ。

彼らのほうが、雇った役者よりもはるかに大勢の人々に新作カメラのことを話すのは間違いない。それも、役者では出せない本物の熱意をもって。また、企業の公認を受けているので、彼らの意見は信頼を増す。モニターとなる彼らにも、「ソニーに選ばれた特別な存在」だという自負の念が生まれる。協力できることを誇りに思い、喜んでカメラのよさを世間に伝えてくれるだろう。

立場の公開は、やり方しだいでプラスの効果を生む。情報発信者の立場を公開することで、情報の信憑性が増し、宣伝効果が高まる。クチコミ・プロモーションを行うときも、会社公認の協力者だと明らかにすれば、彼らに対する信頼が深まる。

宣伝を行う者の立場を明らかにすることはプラスになる——そう覚えておこう。

クチコミは、本物の会話のなかで生まれるから価値がある。どんなときも誠実さを忘れないでほしい。誠実な対応が正しい対応であり、そのほうがマーケティングがうまくいく。

誠実であることは難しくない

私がWOMMA（WOMマーケティング協会）の初代会長に就任したとき、真っ先に行ったのは倫理規定の制定だった。倫理を重視する理由はただひとつ——誠実さが利益を生むからだ。左記のルールを守っていれば、問題が起こることはない。このルールを「誠実さのROI（投資回収率）」と呼ぶことにする。

関係についての誠実さ：売り手の関係者であることを明らかにする。
意見を述べるうえでの誠実さ：本音を語る。
名乗るうえでの誠実さ：本名を名乗る。

クチコミをマーケティングに生かすときは、この三つを遵守しよう。ファンや関係者、協力企業がクチコミを広めてくれる場合であっても同様である。彼らにもルールを教え、商品の話をするときは必ずこの三つを守るようお願いしておこう。

また、社内にクチコミレビューのチェック機関を設けるなど、ルールの遵守を徹底することも大切である。著名なブランドにも、ルールを徹底していなかったばかりに、一部の人間の独断で怪しげなエージェントにサクラを使ったキャンペーンを展開させ、評判を落とした例がたくさんある。宣伝のルールは明確にしておこう。

ヤラセの誘いには「ノー」と言う

いずれ、クチコミという名のもとに、消費者を騙すようなことをする誘いが必ずやってくる。「一消費者のふりをしてクチコミを投稿します」と売り込んでくるマーケティング企業、チャットルームに潜り込んでクチコミを広げてくると志願する若い社員……。

絶対に受け入れたらダメだ。少しでもヤラセまがいのことをしたら、すぐ噂が広まる。ほんのわずかでも「ずるい」と思われたら、「汚いやり方しかしない会社」という烙印《らくいん》が押される。

そうなったらもう手に負えない。インターネットが使われだした頃、どの企業も当たり前のように手当たりしだいに宣伝メールを送りつけていた。それがどれほど嫌がられているか判明したときには、宣伝メールの類はすべて「悪者」になっていた。宣伝メールにいっさい関与したことのない業界など、ひとつもない。

そしてどうなったか？　マスコミも消費者も、法人が送ってくるメールはすべてスパム（迷惑メール）であると見なすようになった。真摯《しんし》にブランドメッセージを伝えようとしたメールも、悪意あるくずメールも、すべて一緒にされてしまったのである。メールは正当な宣伝手段である、と声を上げる人もいなくなった。スパム規制法が制定されたときも、抵抗した企業はほとんどなかった。そうして宣伝メールの活用は、スパマーの天下となった。

メールマーケティングの不幸な歴史は、決して繰り返してはならない。もはやメールの受信ボックスからスパムが消えることはありえない。メールを正当なマーケティングに活用することは可能ではあるが、つねに悪い噂が立つリスクがついてまわるだろう。

ＷＯＭマーケティングは消費者の信頼を得るためのものであり、悪どい騙しの手口ではないと世間にわかってもらう必要がある。そのような誤解が残っていては、ＷＯＭマーケティングを展開してもスパマーと同類に見なされてしまう。

マーケティングとヤラセの線引きを社内で明確にし、宣伝担当者をしっかり教育しよう。サクラを使ったマーケティングを見つけたら、みずから行動を起こそう。ブログに書く、マスコミに訴えるなど、どんな手段を使ってもかまわない。秘密でなくなれば、サクラを使ったマーケティングは成立しない。だったら、世間に公表してしまえばいいのだ。

一部の汚い手段を使う輩《やから》のせいで、誠実なマーケティング活動や自分自身、会社の評判を貶《おとし》められてはかなわない。そうした事態を引き起こさないよう、行動で示していくことが大切である。

▼WOMマーケティングを誠実に行うためのルール

①クチコミは「ヤラセ」ではない 消費者や社会に向かって、正々堂々とコミュニケーションを図ることがWOMマーケティングである。

②ウソのクチコミは役に立たない 遅かれ早かれウソは必ずばれる。ウソがばれたとき、その反動で評判は地に落ちる。

③騙すような行為には断固反対する 本物のクチコミの信憑性を守る。これは、売り手としての自分を守るためであり、消費者としての自分の家族を守るためでもある。

④「誠実さのROI」を守る

クチコミのモラルチェック

クチコミをマーケティングに使うときは、次のチェックリストでモラルを確認しよう。もし、ほんの少しでもモラルに反すると感じたら、その活動は絶対に中止すること！　モラルにグレーゾーンはない。

□サクラの動員やヤラセまがいの行為に手を染めていないか。
□報酬やサンプルなどを渡してクチコミを広めてもらう場合に、広め役の人と会社との関係性をオープンにしているか。
□操作や改竄《かいざん》をいっさい行わず、消費者や支持者の忌憚《きたん》のない意見が公になるよう努めているか。
□支援者をはじめとする一般消費者、メディアに提供する情報は、事実に基づいた正確なものか。
□会社の指示で宣伝を担う人は、そうした立場や本名を明らかにしているか。会社との関係、氏名を名乗ることを徹底させているか。
□一消費者のふりをしたり、商品の使用歴を偽るなど、意見の信憑性を高める目的で誰かを騙すような行為に及んだり、意図的に世間の認識を操作しようとしていないか。
□ウェブサイト、ブログ、従来のメディア、イベントなど、宣伝を利用する媒体のルールを尊重しているか。

□エージェントや人を使ってクチコミを広める場合、モラルをわきまえた行動をとるよう積極的に指導しているか。

□エージェントに依頼する場合、エージェントにも自分の会社と同じ倫理基準を守るよう要請しているか。また、その倫理基準を、エージェントの業務及びエージェントの下請け会社にも適用することに同意を得ているか。

□自社に関するクチコミをチェックする方法を確立しているか。

□モラルに反するクチコミ、不適切なクチコミが生まれた場合の対策はできているか。

念のため、次の二項目もチェックしておこう。

□予定している宣伝活動に、家族や友人を巻き込みたくないと思う気持ちはないか。

□この活動について、恥ずかしさや後ろめたさを感じる部分はないか。

クチコミは、昔から最高のマーケティングツールだった

クチコミがビジネスに与えてきた影響は、私たちが想像するよりもはるかに大きい。ところが、効果の測定の仕方がまずいためにその影響力に気づくことができない。実際、マーケティ

ングに関する調査報告のほとんどが、クチコミの効果を見えなくしている。「統計」のなかに埋もれてしまっているのだ。

問題① 呼び名がなかった

「クチコミ」という言葉がマーケティングの世界で使われるようになったのは、最近のことである。それ以前は、クチコミに分類されるべきものを正しく分類していなかったせいで、クチコミの正確な影響力を測ることができなかった。

ためしに、過去に新規顧客を獲得した要因を挙げてみてほしい。その理由が左記によるものであれば、すべて「クチコミのおかげ」である。

- ✜友人から勧められた。
- ✜同僚から勧められた。
- ✜上司から勧められた。
- ✜かかりつけの医師から勧められた。
- ✜ネット上のレビューや投稿記事を見て（宣伝広告は除く）。
- ✜同僚宛に届いていたＤＭを見て。
- ✜アマゾンの「関連商品」の一覧を見て。

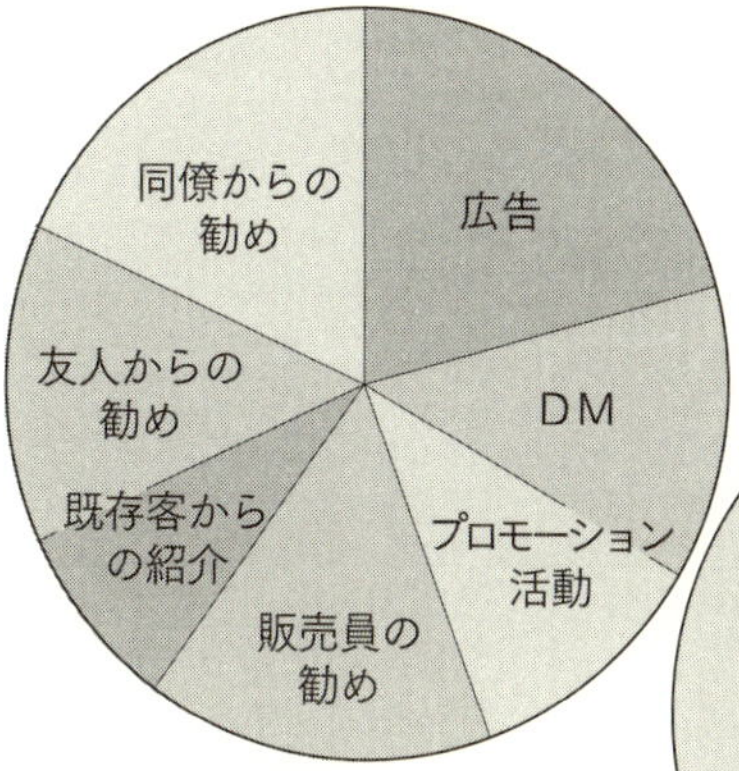

グラフ１

グラフ２

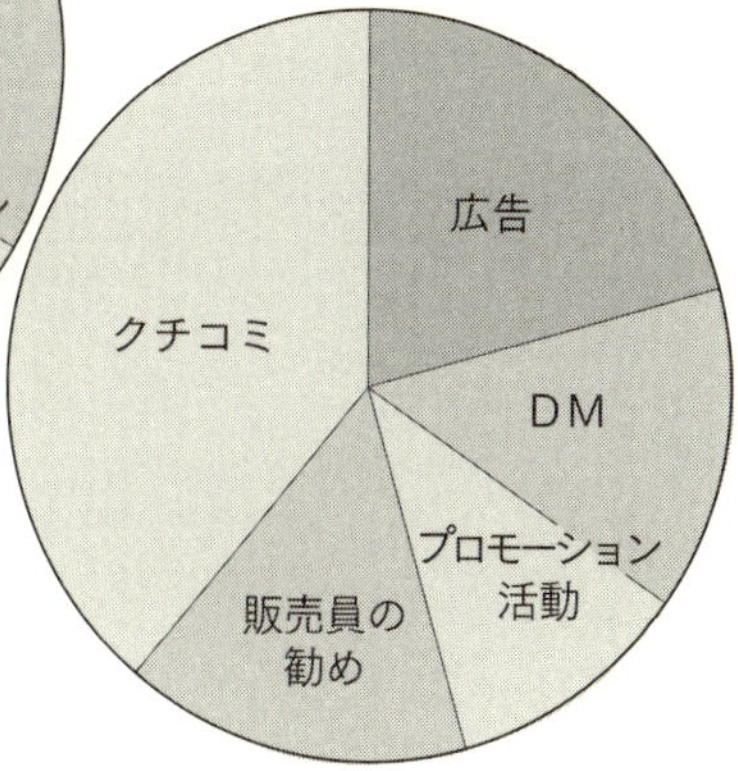

✤知り合いが使っている。

ここに挙げたのはほんの一例であり、クチコミに分類されるものはほかにもたくさんある。

顧客獲得につながった要因を円グラフに表すと、グラフ１のようになる。次に、実際にはクチコミに分類されるものを「クチコミ」とすると、グラフ２になる。新規顧客の獲得に最も貢献したのは「クチコミ」であることがわかる。

問題②　ゼロでは割れない

新規顧客獲得を目指したマーケティング活動ごとに、コストと売上げを表にまとめると、次ページのようになる。

活動項目	コスト	新規顧客獲得数	新規顧客による売上げ	投資回収率
広告	10,000	12	12,000	120%
DM	7,000	8	8,000	114%
プロモーション（広告・営業以外の販促）	9,000	7	7,000	78%
営業	15,000	9	9,000	60%

この表に欠けているものは何か？　そう、クチコミだ。

なぜクチコミが含まれていないのか？　クチコミは基本的にコストがかからないからである。予算も人員も割り当てないから、新規顧客獲得活動の報告書からもれてしまうのだろう。それに、表に加えたところで、コストがゼロなのだから、収益率の計算式に当てはめることができない。だからリストから外されてしまうのだ。

だがこれからは、クチコミも活動項目に加えよう。マーケティング活動としてとらえれば、コストがかからないばかりか、他のどんなマーケティング活動よりも多くの新規顧客を獲得していることも明らかになるはずだ。

これだけは覚えておいてほしい。コストをかけずに顧客を獲得する――これこそ、マーケティング活動で得られる最高の財産である。

マーケティングの孤児

クチコミは、これまでにもマーケティングに活用されてきた。

ただ「クチコミ」という名で呼んでいなかっただけである。

WOMマーケティングという言葉は、誰かに話したいと消費者に思わせるためのさまざまなテクニックを包括的に表したものである。そのテクニックのなかには、古くから存在し、非常になじみ深いものもある。

たとえば、特別セール、お得意様優待プラン、奇抜なプロモーション、友人紹介キャンペーン、ソフトボールチーム支援、ニュースレターの配信、無料サンプルの提供、ブログ、地域団体との連携……。これらは何年も前から、イベント業者や小規模事業主、ネットマーケティング担当者などが活用している。どれも「会話のきっかけになる」という共通の目標がある。この目標を踏まえてみれば、WOMマーケティングと呼ばれるものは、マーケティング部門で統制し計画的に実施できる手法だと納得できるだろう。

だが大半は、広告やDMなど従来のマーケティング手法には当てはまらない（従来のマーケティング手法を得意とするエージェントには、こうしたテクニックを活用したがらない会社が多い）。そのせいで、マーケティングに活用されなかったり、別の部署にまわされてしまったりする。言ってみれば、マーケティングの「孤児」なのだ。

あなたには、WOMマーケティングを広告や販売やPRと同じく重要な手法ととらえ、あらゆるテクニックを活用してほしい。先に挙げたテクニックをWOMマーケティングの一環だと思うことで、そのテクニックを利用する目的が明確になり、マーケティング活動の効果も上がるはずだ。

クチコミのテクニックを「マーケティング戦略に付随するもの」にしてしまうのはもったいない。ぜひ、戦略の中心に据えてほしい。

クチコミの影響力の大きさが理解できたら

さあ、「孤児」となっていたテクニックたちを救おう。WOMマーケティングを作業リストのトップにもってこよう。広告キャンペーンなどの慣れ親しんできたやり方の陰に追いやっていてはいけない。

コストをかけずに新規顧客を獲得したいなら、クチコミ以上のものはない。

最も効果の高いマーケティングテクニックを、正式にマーケティングの仲間として認めるときがきた。もう「孤児」ではない。これからは、WOMマーケティングのための予算枠をとって事業計画に組み入れ、明確な目標を設定し、その成果を測定しよう。

第2章 絶対に知っておくべき六つのこと

1 主導権は消費者にあり、という事実

あなたの会社や商品は、もう世間で話題にされていると思って間違いない。今この瞬間にも、誰かが話題にしようとしている。そこで、その話題にみずから入っていくことを選ぶか、我関せずの態度をとるか。決めるのはあなただ。

これからの時代は、消費者の意見を聞くことなしには物事を進めてはいけない。企業メッセージを支配するのは、もはや広告会社でもメディアのお偉方でも報道関係者でもない。生の消費者の声がメディアに加わり、その声が、従来のメディアを圧倒しようとしている。突きつめれば、たった一人の消費者の声が、どんな広告よりもはるかに大きな影響をもたらすのである。今最も影響力があるのは、ブログをやっている若者だ。

消費者が、あなたの会社の情報を求めてグーグルで検索するとしよう。「ニューヨーク・タ

イムズ」紙に昨年一度だけ取り上げられたことがあれば、その記事へのリンクが表示される。「ニューヨーク・タイムズ」のサイトはひとつだけなので、表示されるリンクも当然ひとつ。ところが、あなたの会社のことを記事にしている個人ブログへのリンクは、トップページに十数個も表示される。ブログは検索エンジンに引っかかりやすいうえ、その数の多さも新聞社とは比べものにならない。

消費者が気軽に綴る、編集も校正もされていない文章が、従来のメディア記事ではとうてい太刀打ちできない規模で公開されている。クチコミが広告とジャーナリズムを圧倒している。要するに、クチコミは今やマスメディアなのだ。

レビューを書くのに夢中な消費者

アマゾンがカスタマーレビューサービスを始めたときから、イーベイが落札者による出品者評価システムを導入したときから、誰もが「安楽椅子探偵」ならぬ「安楽椅子批評家」になった。意見交換は、友人同士でささやかに行うものから、私たちの生活とは切り離せないものへと変わった。クチコミは昔から存在したが、今では私たちの日常生活で重要な役割を果たすようになった。

実際、何百万という人々が、ネット上に商品のレビューを書き込んでいる。ほとんどの市町村がウェブサイトを開設し、地域の業者やレストラン、店舗などのレビューを受け付けている。さらには、そうしたウェブサイトに書き込む何百万倍もの人が、ブログを開設したり、SNSに加入したり、誰かの投稿を読んだりしている。

アマゾンがカスタマーレビューの投稿を受け付けるようになったのは、一九九五年の秋のこと。その後、大手のオンライン小売業者の半数以上がアマゾンに追随し、消費者の交流の場として商品レビューサイトを開設した。こうして、あらゆる商品に関する膨大なクチコミが、ネット上に永久に保存されるようになった。

とはいえ、現実世界(オフライン)のほうが、クチコミの数はやはり多い。それは今後も変わることはない。何かを買うとなると、友人や家族にそのことを話す。店まで足を運ぶ前に、友人などに相談する。そして、相談を受けた意見も、誰に求められたわけでもない意見も、あらゆる意見をみんなで共有するのが今の時代なのだ。

自分と同じような人

誰もがレビューするようになれば、レビューはたんなるひとつの意見にとどまらない。

消費者はもう以前のように、専門家の意見だけに頼らなくなった。「コンシューマー・リポート」誌で一押しされているガスコンロを見ても、安易にその商品を買ったりしない。メディアの映画批評も鵜呑《うの》みにしない。今の消費者は、自分と同じ「一般の人」の意見に耳を傾ける。彼らが投稿したレビューや、彼らの個人サイトに目を通す。好きなことや我慢ならないことがあれば、彼らはすぐに教えてくれる。

買い物をするときに誰にアドバイスを求めるか、という問いかけをすると、消費者は決まって「自分と同じような人」と答える。それが一番信頼できるというわけだ。それなのになぜ、企業は未だに俳優を使って広告に登場させているのだろう。人はみな生の消費者の意見を聞きたがっているというのに。

その欲求を満たしてくれるのが、数々のレビューサイトだ。アマゾンＵＳＡは本名での投稿を尊重しており、クレジットカードの登録名で投稿されたレビューに「REAL NAME（本名）」と表示する。また、レビュー投稿者を評価する仕組みをとっているサイトも多く、クチコミのクチコミまでわかる。

レビュー投稿者の一人ひとりと直接会って話を聞くのは不可能だが、彼らの（つまり私たち消費者の）集団としての声なら、聞くことも追跡することもできる。

オンラインストアへ行けば、一般消費者から寄せられたレビューがすべて公開されている。投稿した人のことは知らなくても、大勢が同じような意見を述べていれば信憑性が高まる。否定的なレビューが一三九件あれば、嫌でも目に入るし、反対に好意的なレビューが四〇〇件あれば、かなりよいものなのだろうと想像がつく。素人よりも専門家の意見を尊重したい気持ちがあっても、素人から批判（または称賛）が山のように起こっていれば、見過ごすことはできない。

数が多いだけでは十分ではないというなら、レビューを受け付けているサイトのほとんどが、集まったレビューを分析して平均的な評価を表示しているので、それを参考にするとよい。サイトによっては、平均的な評価のほうが、商品の説明ページよりも先に表示される。

消費者にとっての「自分と同じような人」がネット上に存在し、お互いの意見を共有し合っている。この事実は、売り手として絶対に無視してはならない。

個人の言葉が一気に拡大

以前、シャンプーのCMでこんな台詞があった。「彼女が二人の友人に話すと、その二人がまた二人の友人に話す、という具合にね」。もちろん、現実はそんなにうまくいかなかった。二人の友人に話しても、せいぜいどちらか一人が妹に話すくらいだろう。

だが事情は変わった。ネットを使えば確実に大勢の人へ広がる。たった一通のメールでも、それを受け取った誰かが五〇〇人の知り合いにいっせいに転送すれば（その五〇〇人もまた、それぞれの知り合い全員に転送が可能）、情報は、企業の期待をはるかに上回るスピードで一気に広まる。

これまでは、アメリカの三大テレビネットワークでCMを流せば消費者の八〇パーセントに認知されると言われていた。それが今では、人気のあるサイトにレビューがいくつか掲載されるだけで、潜在顧客の大半に知ってもらえる。広告のパワーバランスが変わったのだ。

売り手にとっての理想は、世界中のウォルマートで、商品一アイテムごとに販売員がついて消費者に勧める図ではないだろうか。現実にはもちろん無理だが、ウォルマートのウェブサイト上なら、〈カートに入れる〉ボタンのすぐ隣に、商品を褒める愛用者の声を載せることができる。

クチコミを一気に広げる手段といえば、ブログである。五分もあれば誰でも無料で開設できる。そのなかで商品やメーカーに対する要望を思いのままに書けば、さまざまな人に読んでもらえる。他のブロガーがそのブログを気に入ってリンクを貼り、二人の友人ブロガーに話せば、その二人もまた……という具合に広がっていく。買おうかどうか悩んでいる商品のことをネットで調べれば、その商品に関する記事を投稿しているブログが検索にひっかかる。そのブログは、普段はたいしてアクセスされないものかもしれないが、検索した人にとっては重要な情報源になる。

従来のメディアとの関係

これまでは、メディア業界で働く人々が、消費者のためにメディアをつくってきた。記者が書いた原稿を、編集者が校正・編集し、完成された記事に仕上げた。だがもう、純粋にプロのみでつくるメディアはない。テレビや雑誌のCMや広告だけを見る消費者も、もういない。

今ではニュースも、検索エンジンやブログを介して知りたい情報だけ取り出せる。そうなると、ニュース番組で報道されたとおりに伝わるとはかぎらない。報道内容に言及したブログへのリンクも手にするからだ。調べたいことを検索し、表示された誰かのブログを読む。その記事のなかにわからないことが三つあったとしても、その三つについて詳しく説明している別のブログへ飛べばすぐわかる。

正規の新聞記事でさえ、消費者の声からは逃げられない。大半の新聞社のウェブサイトは、記事のところに、その記事を引用したブログの一覧をリンク表示している。また、読者からのコメントも受け付けている。部外者の侵入をいっさい許さなかった編集室の壁が、すっかり取り払われてしまったのだ。公式な記事が表示されているとはいえ、すぐそばにあるリンクをクリックすれば、個人のブログやコメントが自動的に表示される。それらには、編集者の検閲はかかっていない。

たとえば、熱意ある若きマーケターが、自分のクライアントが大きく取り上げられた新聞記事を見つけたとしよう。彼は同僚にそのことをメールで伝え、上司の部屋へ勇んで報告に行く。だが、実際に新聞社のウェブサイトで記事をチェックしてみると、記事の下にある関連ブログ一覧の見出しとコメントに、ひどい言葉が並んでいた……。

クチコミの内容がよくなるように努めるのも、宣伝担当者の仕事のうちである。消費者の声を操作することはできない以上、話題になっただけで安心はできない。よいクチコミが継続的に流れること、それが最終ゴールである。

消費者との約束を守らないような企業は、今後、大きな痛手をこうむるだろう。あえて名前は伏せるが、ある大手ケーブル会社は約束したサービスの提供を怠ったうえにろくな対応をしなかったため、顧客の怒りを買っている。その会社をネットで検索すると、高いお金を払ったのであろう広告、メディアのニュース記事と並んで、不満を抱える人々からの何十万という投稿が表示される。この会社が新たに広告を打っても、必ず顧客の不満の声がそばに表示されることになる。

一個人が不平や称賛を綴ったブログが、ときに「タイム」誌や「ニューズウィーク」誌よりも大きな影響力を与えるのは、ブログを綴った一個人がコミュニティの一員だからである。彼らは気になるものに関する情報を求め、クチコミという形で意見を共有し合う、「消費者」というコミュニティに属している。このコミュニティに属する誰かが、ハードディスクのデータを消失させたソフトについて不満をぶちまければ、何百ものサイトがその不満を取り上げ、リンクを貼る。こうして、ハードを駄目にしたソフトの名前や製造元が大勢の人の目にさらされるのだ。

新聞や雑誌は何千とあり、それぞれがウェブサイトを開設している。だが今では、記者を生業とする者よりもはるかに多くの個人の声がウェブ上に存在する。また、そうした新たな声のほうがお金をかけずに気軽にアクセスできるぶん、より速く広範囲に伝わる。

ためらっていてはいけない。消費者の輪に入り、みずから会話に参加しよう。

2 マーケティングは「何を言うか」ではなく、「何をするか」だ

宣伝を担当する諸君、自分たちのことを言葉でアピールするのはもうやめよう。企業を表すのは、広告で謳《うた》っている文言でも、企業理念に書かれていることでもない。こうありたいと願う理想像でもない。いくら入念にイメージ戦略を練っても、思惑どおりにはならない。

消費者が商品と出合ったときに、どんな行動をとり、どう感じるか。その一つひとつの集積が、企業を表す。現実の人々が会社や商品に対して肌で感じること、それがすべてである。だから次の言葉を肝に銘じよう。

会社や商品は、顧客が体験したことがすべてである。

マーケティングとは会社が何をするかであって、何を言うかではない。どんなマーケティング活動をしても、話題にのぼるのは、会社が実際に行っていることについてである。商品や会社としての対応が素晴らしければよい評判が流れ、ミスを犯せばそれもまた話題にされる。

ネットという強力なアシストを得て、クチコミにスピードと力が加わった。もうこの現実か

らは逃れられない。

新商品の発表にあたって本当に考えなければならないのは、「その商品を使った人は何と言うか」である。機能、品質、企業の対応について、彼らがどう思うかを意識するのだ。

嫌な思いをした人は、必ず大勢にそのことを話す。ある店で実際に嫌な思いをした人と、「嫌な思いをした」と耳にした人とでは、後者のほうがその店に足を踏み入れる確率は低い。悪い評判がどれほど悪影響を及ぼす恐れがあるかがわかるだろう。

売り手は、商品やサービスを通じて、消費者に必ずよい思いをしてもらえるよう気を配る以外に道はない。優れた商品をつくり、気持ちのいい対応をして、ほかの人にも勧めたいと思ってもらうよう心がけるのだ。広告予算の一部を削ってでもカスタマーサービスを充実させよう。クチコミが生まれるのは、新しい広告からではなく、消費者が体験したことからなのだから。

好意的な感情、すなわち好意的なクチコミを捏造《ねつぞう》することはできない。クチコミは、現実の消費者が実際に体験することからしか生まれない。どれほど広告を打っても、その事実は永遠に変わらない。

成功は、何を謳うかではなく何を提供するかで決まる。

広告の文言（優れたサービスを提供し、顧客に面倒をかけず、約束を実行する……）と現実とが一致していれば、消費者はつねに話題にしてくれる。そして、必ずまたやってきてくれる。

あなたが自社のブランドや商品のことをどう言おうと、「その言葉＝会社」とはならない。日々提供する商品の質、対応の質こそが、会社のすべてになる。どんな宣伝をしようと、消費者主導のメディアでは、会社の現実の姿についてしか語られない。いくら市場を操作しようと、いくらごまかしをしようと、いくら大量の広告を投入しようと、粗悪な商品や無責任な会社を救えはしない。

公言したことを守り、よりよいものを提供しようと努めてこそ、より多くの消費者を惹きつけることができるのだ。

3 記録は永遠に残る

ウェブに載ったものは、グーグルに永遠に残る。広告キャンペーンの失敗、消費者の怒り、商品の欠陥、掲示板への投稿、店員の身に起きた嫌な出来事……。何もかも、ウェブ上にずっと残っている。

あらゆるものがウェブ上に残る以上、よいものが残るようにすることは売り手の役目である。商品の素晴らしさ、顧客の心に残った店員の対応、問題の解決報告、苦情の応対など、商品や会社のよい点も記録されるよう心がけよう。

クチコミを広めてもらおうとするならば、企業のなかにいる人間の顔を世間に知ってもらう必要がある。消費者の会話に加わって、誤りを指摘されれば修正し、困っている人がいれば救いの手を差し伸べる。彼らを楽しませ、満足させることができれば、売り手側の人間の参加は、消費者にとって嬉しい驚きとなる。

記録を修正する

正直なところ、できれば消えてほしい記録もある。犯してしまった間違いや顧客から浴びせられた批判……。しかしブログの世界のやりとりは、絶対に操作可能にはならない。試みるだけ無駄だ。肝心なのは、そうしたときにどう対処するかである。

自社や自社商品が話題になっているやりとりに加われば、信頼を得ることも、自分の言い分を話すこともできる。やりとりの仲間入りを果たせば、最終的なコメントを好意的なもので終わらせることもできる。

時給八ドルのアルバイトを活用する

カスタマーサービスの担当者（正確な文章が書ける人が望ましい）を一人、クチコミ専任にしてはどうだろう？　顧客とじかに接するスタッフに、会社や商品に関するありとあらゆるクチコミをウェブ上から拾わせるのだ。

褒めてくれている人を見つけたら、感謝の言葉を送る。不平や不満、辛辣なことを言っている人には、謝罪をして不満の原因を解決する。

不満のもとを解決せずに放っておけば、同じ不満を感じる別の人がまた不平を言いふらす。だからきちんと解決することだ。不満の原因がわかれば、その問題を解決して報告できる。肯定的なコメントでやりとりを終わらせることもできる。

ミスは絶対に起こる。そして、犯したミスは永遠にウェブ上に残る。だからこそ顧客に「素晴らしい」と思われることをどんどんやろう。そうしようと、つねに心がけよう。

4　WOMマーケティングの基本は誠実であること

クチコミは、必ず真実の姿を映し出す。会社、商品、サービス、社員……今や何ひとつおろそかにできない。

大々的なメディアキャンペーンを実施しても、商品の質の低さは隠せない。ブランドの威光でサービスの悪さを隠すこともできない。自分をごまかすことも、顧客をごまかすことも不可能なのだ。

クチコミはマーケティング活動に誠実さをもたらす

クチコミが起こると、売り手の意識が消費者へ向く。売り手の殻から引っ張り出され、商品や宣伝が人々にどう受け止められているか、その現実を目の当たりにさせられる。いわば消費者も、クチコミを介して売り手の会議の場に加わっているのだ。

WOMマーケティングは、消費者に発言を促す。それが消費者を守ることにもなる。消費者が発言しやすい環境を整えて、売り手が意見に耳を傾ければ、消費者は不満を口にしたり、企業の不正を明らかにしたりする力を持つ。

WOMマーケティングでは、消費者の意見に耳を傾けることが絶対の前提条件だ。

従来の広告は厳しい状況に追い込まれている。広告を鵜呑みにする消費者がいなくなったからだ。現実の姿を見抜き、広告の内容には耳を貸さない。消費者は、自分が信頼できる企業やブランドの商品でないと、誰かに勧めたりはしない。そんな彼らの声を尊重する意識を持てば、マーケティング活動も自然と誠実なものになる。

これからのマーケティングに、誠実さは欠かせない。どの業界のマーケターも、誠実さを優先事項に掲げるべきである。そうしたほうがモラルのうえで正しいのはもちろん、ビジネスにもよい結果をもたらすのだ。

5 顧客満足を計算に入れる

クチコミには、ビジネスの公式を根底から覆《くつがえ》す力がある。

クチコミの影響力を計算に入れると、期待できると思ったことがそうでなくなることがある。よいと思ったアイデアが間抜けな結果に終わることもある。顧客の扱いをよくすることが利益につながるのだいうこともわかってくる。

ラスベガスのとある高級ホテルは、ジムの利用料として一日あたり二七ドル課金する。いくら高級ホテルとはいえ、これはあまりにもひどい。そこに宿泊した家族連れが家に戻ったら、友人たちに何と言って回るだろう？ 「ロビーに巨大な水槽があった」と言うだろうか？ いや違う。きっと、「立派なホテルだったけど、何をするにもいちいちお金がかかる」と言うだろう。このホテルでは、プールで使う浮き輪を借りるのにも二〇ドルかかる。浮き輪を借りてくれないと子どもに泣き叫ばれた親が、いい印象を口にするわけがない。

ホテルがとんでもない料金を請求するのは今に始まったことではない。昔から、部屋からかける電話にばかげた金額を請求してきた。だが今は、あらゆるホテルがネット上で評価される。さまざまなレビューが瞬時にネット上に現れ、そのまま残る。先の家族連れのような思いをした人が、似たような体験をした何千という人々と腹立たしいサービスについて語り合うこともできる。まさに、悪いクチコミを生む流れである。法外な料金請求は、短期的には利益が見込めても、いずれ大きな打撃となるだろう。

先ほどのホテルの会計士が、集計表を見ながらこんなことを言っているとしよう。「一人あたり二七ドルで、利用者は一日に三〇〇人。ということは、一日あたり八一〇〇ドルの売上げだから、年間の純利益は三〇〇万ドル近くになるな」

この会計士は、表に載っていない事柄、すなわちそのホテルに怒りを覚えた客の数にはまったく目を向けていない。従来のコスト算出法では、期待を裏切られ、二度と来るものかと決意した客の数や、その客からホテルの悪い話を聞かされた人の数は勘定に入れていない。本当は、ジムの利用料金で得る収入とは比べものにならないほど多くの信頼と宿泊代を失っているというのに。

以前、「君のホテルは最悪だ」というタイトルの動画がメールで広がり話題になった。その動画を作成したのは二人のビジネスマン。彼らはある都市のダブルツリーホテルに宿泊予約を入れていたのだが、深夜にホテルに到着すると、その部屋には別の人が宿泊していた。そこでロビーに座り、その経緯を面白おかしくパワーポイントに描いた。その動画が数年にわたって何百万という人々へメールで転送されつづけたのである。のちに二人はホテルから謝罪を受けたが、その動画のせいで被ったホテルのダメージは相当なものだった。

クチコミの効果を計算してみる

最近は、どの会社もマーケティングの効果を測ることに夢中になっている。そこで、ここでもいくつかのケースを使って計算してみよう。

問題① A社は一〇万ドルで検索連動広告を出稿した。関連キーワードを検索すると、検索結果とは別に、ライバル企業三社の広告と一緒にA社の広告も表示される仕組みだ。だが検索結果の二番目と七番目に、「A社は最低」という見出しが表示された。A社に不満を持つ顧客のウェブサイトへのリンクである。この場合、A社の広告キャンペーンが被った損失にはどんなものが挙げられるだろう？ 無駄になった金額はいくら？ 悪いクチコミを見てライバル社の広告に流れた顧客の数は？ 「A社は最低」の見出しをクリックした人の数は？

問題② B社は、五〇〇万ドルかけて開発した新商品を発表した。すると二人の消費者から、アマゾンに否定的なレビューがついた。その後も悪いレビューが続き、最終的なレビューの数は一二五件、「おすすめ度」を示す星の数は一つ半となった（最高は星五つ、最低は星一つ）。アマゾンに否定的なレビューを書いた人の一人は、アマゾン以外の三つのサイトにも同様のコメントをした。商品はさっぱり売れない。さて、この商品はあとどのくらい存続できるだろう？ クチコミ対策をしなかったせいで、どのくらいの開発費が無駄になっただろう？

B社の他の商品へは、どんな影響が予想されるだろう?

過去最悪のレビュー

ソフトウェアのACT!と言えば、最高の顧客管理ソフトとして一世を風靡《ふうび》した商品である。実際私も、一九八八年に、父から2・0バージョンをもらい、二〇〇四年まで快適に使っていた。だがその後、高額を出して購入させられたアップグレード版がひどい代物だった。

そう思った人は私以外にも大勢いた。アマゾンにはACT!2005を悪く言うレビューが一二五件以上ついた。「性能が著しく低下した」「お金をドブに捨てるようなもの」「本当に最低!」「これほどひどいソフトは初めてだ」「恐ろしく動作が遅い」「アップグレードのせいで台なしになったデータベースをどうしてくれるんだ!」「ユーザーをバカにしている」「このバージョンはやめておけ」「時間の無駄」「最悪のソフト」「アップグレードするな!」「星はゼロ」「使えたもんじゃない!」「くず」「公害」「絶対に関わるな!」……。

実に寒々しいが、ACT!の製造元が、顧客のことを甘く見て劣悪な商品を売りに出したのは事実である。その結果、憤った消費者の声によって打ちのめされたのだ。

問題③ C社が、同社からのメール受信を承諾している(と思っている)百万人の顧客に、新規顧客紹介キャンペーンの案内を送付した。一パーセントの人がキャンペーンサイトにアクセスし、そのうちの一〇パーセントが実際に顧客を紹介してくれたので、新たに一〇〇〇人の顧客が獲得できた。ところが、メールを送ったうちの一万人は、C社からのメール受信を承諾した覚えがなかった。彼らは憤慨し、二度とC社の商品は買うまいと決めた。そして、C社がスパムを送ってきたと、それぞれ五人の友人に言いふらした。一万人が五人ずつに言いふらしたので、「C社はスパムを送る企業」だと誤解した人は五万人。そのうちC社の商品を実際に使っていた二〇〇〇人は腹を立て、さらに、それぞれ五人の友人に言いふらした。

さて、C社は何人の潜在顧客を失っただろう？　新規顧客の獲得以上に重視すべきことはないだろうか？　スパムを送る企業だと誤解されて顧客を失ったことにより、どのくらいの売上げを逃しただろう？　「C社はスパムを送る企業」だとブログに投稿する人が現れたら、どうなるだろう？

一ドルを笑う者は一ドルに泣く

多くの企業が犯している計算違いはほかにもある。たとえば、カスタマーサービスのアウトソーシングだ（国内企業へのアウトソーシングも含む。まずい電話対応に、人種や宗教、国籍は関係ない）。

カスタマーサービスのコストを抑えようとする企業は後を絶たないが、そんなことをしてもうまくいかない。クチコミの影響力を計算に入れれば、カスタマーサービスの質の低下は悪い評判につながると気づくはずだ。

電話対応の善し悪しは、「一度目の電話で解決できるかどうか」にかかっている。一度目の問い合わせで満足できた顧客の数で決まるのだ。その数がほんの少しでも減れば、悪い評判が生まれる元凶となる。

問題が解決しないまま電話を切らざるをえなかった顧客はどう思うか。腹を立てる。そのことを友人に話す。そうして広がるクチコミは、決して好意的な内容ではない。未解決の問題を抱えた顧客がいれば、いつ否定的なクチコミが発生してもおかしくない。

ちょっと計算してみよう。コールセンター係の人件費を、一人あたり五ドル削ったとしても、その結果、顧客が二度電話をかけることになったら、人件費は二倍になる。

対応の悪さに腹を立てた人が、そのことを誰かに話したときのことも考えねばならない。それが原因で逃すことになった見込み客と同じ数の新規顧客を得るためには、どのくらいのコストがかかるだろう?

サービスの質を落とせば、結果的に高くつく。とくに、悪いクチコミで失った信頼は、容易には取り戻せない。

クチコミは会社の命運を左右する

世間の評判は会社の真価を表す。だからこそ、収支報告や事業計画に、クチコミの影響や対策も盛り込む必要がある。商品の基本的なつくりから、接客担当者の礼節、販促活動まで、何事にもクチコミの影響力を考慮に入れることを忘れてはならない。

6 WOMマーケティングは売上げに直結する

WOMマーケティングは、費用対効果の点で最も優れたマーケティングである。これほど売上げに直結するものはない。もちろんメリットはほかにも多数ある。この項目を読むだけでも、本書を買った元がとれるはず。ぜひ上司にも見せてほしい。

✤顧客獲得にかかるコストを減らせる　クチコミで顧客を得ればコストはかからない。クチコミで顧客を得るごとに、新規顧客獲得にかかるコスト平均が下がる。

✤広告料がかからない　クチコミは広告費をかけなくても起こすことができる。

✤従来の広告の効果が高まる　クチコミは、広告で伝えたいメッセージを広げるのにひと役買ってくれる。

✤販売員の士気が高まる　「対応がいい」というクチコミで売上げが増えれば、販売員の接客態度が向上する。

✤売上げが伸びる　人に勧められたといって、毎日のように新規顧客がやってくる。

✤カスタマーサービスにかかるコストを減らせる　消費者の会話に参加して彼らの疑問に答えれば、問い合わせの電話が減る。

✤ブランドイメージが高まる　公に勧める人が増えれば、健全で好意的な評判が広まる。


WOMマーケティングは、売上げを増やし、利益率を上げ、コストを下げる。満足して、誰かによさを広めてくれる顧客は、会社にとってこの上なく強力な財産である。だからこそ、次の三つを遵守せねばならない。

①顧客を守る。
②顧客を敬う。
③顧客の意見に耳を傾ける。

この三つを守っていれば、より効果の高いマーケティング活動を展開できるようになり、ひいてはマーケターとしての能力も向上するだろう。これからの時代を生き抜き、成功するためにも、この三つは胸に深く刻んでもらいたい。

WOMマーケティング・マニフェスト

①満足している顧客は最高の広告塔である。消費者を喜ばせよう。
②WOMマーケティングは難しくない。顧客の信頼を勝ち取って、ほかの人にも勧めたいと思ってもらいさえすればよい。そうすれば彼らが無料で宣伝してくれる。
③モラルと顧客サービスを最優先に考える。
④マーケティングとは何をするかであり、何を言うかではない。
⑤否定的なクチコミは財産である。内容に耳を傾けて、そこから改善点を学ぼう。
⑥話題はすでに起こっている。あとはその中に入っていくだけだ。
⑦つねに注目を集めよ。でなければ存在しないも同然だ。
⑧話題にならないようなことは、実行するだけ無駄である。
⑨会社の理念は、消費者から好意的に受け止められるものにしよう。
⑩話題にしたいと思われる会社のほうが、働いていて楽しい。
⑪クチコミの影響力をつねに意識し、消費者を大事にする気持ちを社内に育もう。
⑫誠実なマーケティングは利益をもたらす。

II 実践・応用編

第3章 「五つのT」を実行に移す

WOMマーケティングの計画を立てる

第Ⅰ部では、クチコミという現象を理解するために必要な背景について説明した。人々がなぜ話題にするのか、企業はクチコミとどう付き合っていくべきか、おわかりいただけただろう。

第Ⅱ部は、実際に人々に話題にしてもらうためにできること、伝えたいメッセージをできるだけ速く遠くまで広めてもらうためにできることについて見ていく。誰にでも使える実用的なテクニックを、実際に使用した例を挙げながら紹介する。

事業によっては適用できないテクニックもあるかもしれないが、どんなことをすればクチコミが生まれるか、その要領はつかめるはずだ。テクニックを使った事例を読みながら、あなたのビジネスにどう適用できるか考えてみてもらいたい。

クチコミは、誰かが話題にしたいと思って初めて起こる。そういう意味では、クチコミは一つひとつがすべてオリジナルである。この本に書かれていることは、アイデアを生み出すための下地だととらえ、クチコミが起こる機会をとらえるための基本パターンを学ぶつもりで読んでほしい。

あなたが仕事に生かすときは、自分なりのやり方にアレンジしたり、使える部分だけをピックアップすること。こうすればクチコミが起こる、という決まった型などない。いろいろと試したうえで、「これだ！」と思えるものが、あなたに適したテクニックである。

自分にとっての五つのTを見つける

WOMマーケティングの計画を立てるには、まず自分にとっての五つのTを把握する必要がある（五つのTについては、次章からひとつずつ詳述）。次ページに一覧表を載せたので、計画立案のさいに活用してほしい。この表は、本書のウェブサイト www.wordofmouthbook.com からダウンロードもできる（英語のみ）。

複雑にしない

WOMマーケティングの基本さえ押さえれば、自然と人々の間で話題になる。

本書で紹介するテクニックのなかには、複雑なものやコストが高めのものもあるが、大半は

WOM マーケティングの5つのT			
T	実行すること	例	あなたの計画
①トーカー（Talker）	話題にしてくれる人を見つける	ファン ボランティア 顧客 ブロガー インフルエンサー	
②トピック（Topics）	話題にする理由を提供する	特典、新機能 他社にないサービス デザイン性の高い商品 笑えるようなもの 洒落た広告	
③ツール（Tool）	トピックを素早く広範囲に広める	〈友達にすすめる〉ボタン メール、ブログ パンフレット 試供品、クーポン オンライン掲示板	
④テイキング・パート（Taking Part）	話題になっている場に参加する	コメントに返事をする ブログに投稿する 掲示板に書き込む メールに返信する 個別に対応する	
⑤トラッキング（Tracking）	話題の内容を調べて把握する	ブログを検索する 掲示板に目を通す 顧客の意見を聞く 測定ツールを利用する	

簡単にできて安上がりである。簡単でも効果は十分に発揮してくれる。

ということで、さっそく簡単なことから始めよう。まずは、あなたの会社のホームページの各ページに〈友達にすすめる〉ボタンを設置しよう。このボタンがあれば、消費者がサイトを訪問中に「誰かに教えたい」と思う情報を見つけたとき、その場で教えることができる。ボタンを押すことによって送信されるメールは、できるだけデザインに気を配ること。受信した相手が「格好いい」と思えば、また別の誰かに転送してくれる。

店舗があるなら、買い物袋のデザインを見直して、消費者が持ち歩きたくなる袋にしよう。会社名や商品名のロゴを印刷し、大胆で洒落たデザインにする。そうすれば、その袋をさげた人が街にあふれる。道行く人々の目にとまるようになり、自然と話題になる（この方法をアメリカで最初に取り入れたのは、デパートチェーンのブルーミングデールズである。〈Big Brown Bag〉と印刷された買い物袋が大人気となり、袋目当てで買い物をする客が増えた）。話のネタを手に持っていれば、誰がトーカーになってもおかしくない。

レストランなどに携わる人なら、空席待ちの客に何か無料で提供するとよい。シカゴのルー・ミッチェルズでは、ドーナツ一個とチョコレートを配っている。誰もがそのことを知っていて、誰もが話題にしている。「ルー・ミッチェルズのターキーサンドイッチ、すごく美味しいよね」と言っている人は見かけないかもしれないが、地元の人にお勧めのレストランを尋ねれば、真っ先にルー・ミッチェルズの名前を挙げ、満席でも待っている間にドーナツとチョコレートがもらえるよと教えられるだろう。
どんな事業であれ、顧客と対面するときは、次のことをつねに念頭に置いておこう。

- この顧客が店を出てから、「誰かに話したい」と思うようなことを提供できているか?
- 誰かに話したいという気持ちを維持してもらうにはどうすればよいか?
- 話題にしやすくするために、何か自分にできることはないか?
- 印象に残る体験をしてもらえたか?

誰かに話したいと思わせる方法は、ほかにもまだたくさんあるが、何かひとつでも成功させれば、話題にしてもらえる。それは、面白がってもらえる何かかもしれないし、印象的な体験、笑顔の対応かもしれない。とにかく、誰かに話したいと思わせられれば何でもいい。
これほど楽なマーケティングはない。

ケーススタディ：フレッシュブックスの場合

クチコミを起こそうとマーケティング活動を行っても、誰がトーカーとなり、どんなトピックが話題になるかは、実際に起こってみるまで誰にもわからない。それは従来の広告と同じである。WOMマーケティングの場合は、活動の成果が見えるまでいっさいコストがかからないが、何が話題になるか、小さなことをたくさん試すことが求められる。

請求書発行サービスを提供するフレッシュブックスには、「魔法の使い手」と呼ばれる人物がいる。その人の名はソール・コルト。彼は、フレッシュブックスのサービスを世界中のウェブデザイナーに試してもらいたいと考え、話題になりそうなことをかたっぱしからやってみた。たとえばこんな具合だ。

✤マスタードを絶賛した私のブログ記事に目をとめたソールは、まったく面識がないのに、そのマスタードを送ってきてくれた。なぜそんなことをしたのか？　彼は私がトーカーになると気づいたのだ。

✤フロリダ州マイアミ、テキサス州オースティンでサービスの説明会を開いたが、マイアミからオースティンへは飛行機ではなく会社のRV車で移動した。そして、三度の食事は可能なかぎり顧客と共にした。その一〇日間で、一五〇〇人の顧客と直接会って話をした。

✤別の説明会では、二日酔いの薬を一〇〇〇人に配り、社員全員が社名の入ったシャツを着てドアマンとなった。駐車場では、朝食としてパンケーキを振る舞った。また、顧客をパーティ会場へ移動させるときには、会社のRV車を使った。

✤ITサービスの展示会では、アーティストを雇ってブースの壁にその場で絵を描かせた。絵の完成には三日かかり、その間大勢の人が絵の進み具合を見に戻ってきた。

❖社員がどこかへ出張するときは、必ずその地の顧客やブロガーを二、三〇名招待し、夕食を共にした。企業から夕食に招待されて礼を言われた顧客は感激した（招待客には、無料サービスのユーザーも含まれていた）。

❖メールマガジンを毎週発行し、顧客が参加できる懸賞や顧客に嬉しいサービスを充実させた。

こうした活動を積み重ねた結果、フレッシュブックスの顧客数は、二五万人から四二万五〇〇〇人にふくれあがった。

第4章 話題にしてくれる人のつかみ方

メッセージを喜んで広めてくれる人を見つける

どんなマーケティングにも必ず媒体がある。たとえば広告ならテレビや新聞やラジオ、DMなら郵便局を経由して消費者の元へ届く。

WOMマーケティングの場合、媒体は消費者である。

だからあなたは、自社や自社商品についての話題を広めるのに適した人を見つけなければならない。クライアントが、広告にふさわしいテレビ番組や出版物を見つけるのと同じだ。

WOMマーケティングで、消費者に対する敬意と誠実さをつねに念頭に置くのも、消費者の信頼が頼りだからだ。新聞記者が報道の品位を守るように、マーケターは消費者という媒体を誠心誠意守らねばならない。メッセージを広める手助けをしてもらうのだから、敬意をもって接するのがせめてもの恩返しだ。

あなたも、本気でWOMマーケティングを成功させたいなら、自分の会社にふさわしいトーカーを見つけて、彼らとうまく付き合っていかねばならない。つまりこういうことだ。

❖メッセージを広めるのに適したトーカーを見つける。
❖トーカーと定期的に連絡をとる手段を確立する。
❖広めてもらいたい「トピック」を提供する。
❖広めたいという気持ちが続くよう、彼らを満足させることに努める。

この四つを成功させるには、第1章で述べた「人が話題にするときの三つの理由」をつねに意識しないといけない。クチコミは、「自分は特別な存在なのだと思いたい」「誰かの役に立ちたい」「仲間になりたい」という気持ちから生まれる。そうした気持ちに駆り立てさせるのもマーケターの仕事である。

トーカーにふさわしいのは誰か?

トーカーにふさわしい人として、まず第一に挙げられるのは「満足している顧客」である。誰でも、自分が気に入っている商品やブランドのことは誰かに話したくてたまらないものだ。

どんな会社にも、積極的に周囲に勧めてくれる得意客がいるはずだ。ただし、自分の好きなものを積極的に勧めたがる人もいれば、自分からは話題にしないが尋ねられれば勧めるという人もいる。

トーカーにふさわしいのは顧客だけではない。商品を買ったことはないが熱狂的なファンだという人もいる。フェラーリのファンの大半は、フェラーリを持っていない。子どもやスポーツカーマニア、記者など、「持ってはいないが大好きな人たち」が、この車のよさをクチコミで広めている。

ウィンホテルが豪華なカジノ付きホテルをラスベガスにオープンしたとき、一番重要なトーカーとして頼りにしたのが街のタクシー運転手だった。観光客が、食事やギャンブル、買い物の場所を尋ねるのは誰か。タクシー運転手である。そう思いいたったホテルは、正式オープンの前に、運転手たちを無料で招待し、施設を自由に使わせた。その後、タクシー運転手が観光客にどのホテルを勧めたかは言うまでもない。

トーカーは「自分と同じような人」

マルコム・グラッドウェルも *The Tipping Point*（『急に売れ始めるにはワケがある』ソフトバンククリエイティブ）で指摘していたように、クチコミは一部の流行に敏感な人や流行の仕掛け人からしか広まらないという俗説がある。そう思わせるよう、流行をとらえる手助けをするコンサルタントたちが仕向けているのだ。マスコミも、人気のある芸能人やオピニオンリーダーたちが何と言っているのかを書きたがる。だが、クチコミが生まれるのは、そうした人たちからではない。

想像してみてほしい。車を買いたいと思ったときに、自分なら誰に詳しい話を聞きたいと思うか？

第2章でも述べたが、何がお勧めかを知りたいとき、私たちは「自分と同じような人」の元へ行く。企業からお金（または商品）をもらっている芸能人から、その商品を買えと言われても説得力がない。私たちが聞きたいのは、同じようなものを必要とし、同じような生活水準で暮らす人の意見だ。もちろん、医者、弁護士、会計士、電気技師など、その道の専門家の意見は大いに参考にするが、トーカーとなるのは、ほとんどが一般の消費者である。年齢、趣味、収入、肩書きは違っても、私たちと同じごく普通の人たちなのだ。

クラブで踊る流行に敏感な若者とＰＴＡ活動に熱心な母親。どちらのほうが一週間のうちにより多くの商品を周囲に勧めて回るかといえば、後者である。

トーカーとは、新たな顧客を送り込んでくれる人を指す。たとえばこんな人たちだ。

✤顧客

✤メールで受け取った商品案内を同僚や友人・知人に転送する人

✤ネット上にレビューを投稿する人
✤よく世間話をする近所の人
✤見知らぬ人のために、商品を一緒に探してあげる買い物客

トーカーは簡単に見つかる場合が多いが、ときにはちょっと目先を変える必要もある。マイノリティ層の男性を対象に、前立腺《プロステート》ガンの危険性と検査の重要性という、非常に話題にしづらい内容の普及を目指している非営利団体、ザ・プロステート・ネットは、「理髪店ネットワーク」と銘打ったプログラムを展開した。

理容師はトーカーにうってつけの存在だ。さまざまな人種や世代の人がいるし、仕事をしながら客と会話をする。この点に着目して五万人の理容師に声をかけ、前立腺ガンについての説明の仕方を教え、パンフレットを配るように依頼したのだ。

彼らはＷＯＭマーケティングの五つのＴをすべて押さえていた。トーカーに理容師を選んで前立腺検査の重要性というトピックを定め、詳しい説明の書かれたパンフレットを準備し（ツール）、理容師に説明の仕方を教え（テイキング・パート）、検査に訪れた人数を調べた（トラッキング）。

このプログラムは、従来のマーケティング手法よりはるかに確実で優れている。従来のマーケティングに慣れきった広告会社ならば、検査を呼びかける陳腐な広告を展開するのが関の山

だっただろう。

トーカーは優良顧客にかぎらない

トーカーとは、頻繁に来店してたくさんお金を使ってくれる顧客のこと——そう思っている企業が実に多い。だが必ずしもそうではない。買ってくれても話題にしてくれるとはかぎらないのだ。

初めての顧客が一番のトーカーになってくれることもある。

誰かにレストランを勧めるときのことを想像してほしい。おそらく、毎週のように訪れる店や通勤途中に立ち寄るカフェを勧めようとは思わないだろう。日常生活の一部になっているものは、身近すぎてかえって頭に浮かばないのだ。

だが、新しくできたレストランに初めて訪れたらどうか？　きっと翌日には、友人や家族、同僚など、会う人ごとにその店の話をするだろう。一週間もたてば、レストランに行ったことも話をしたことも、すべて忘れてしまっているだろうが……。

初めて来店する客は、初体験に胸が躍る。そのうえ商品も気に入ったとなれば、付き合いははじめの恋人よろしく、何もかもを好意的に受け止める。あなたは初めて訪れた顧客を、その一回でトーカーにしなければならない。どんな体験を提供すれば誰かに話したくなるか？　売り手にはとっさの判断が要求される。

トーカーになるのは常連客だと決めつけて、顧客データベースを掘り返しているだけではいけない。トーカーとしての役割を果たしてくれる、本物のトーカーを見つけよう。

トーカーを見つける

すべては適切なトーカーを見つけることから始まる。

ひと口に消費者と言っても、性別や年齢、ライフスタイルなどによって、興味の抱き方も異なる。トーカーとなる人の特徴（属性）を特定するとともに、彼らが話したいと思う動機についても理解する必要がある。属性がわかれば、その人に合ったトピックやツール、つながりのつくり方が自然と見えてくるだろう。

ここでは、トーカーの分類によく使われる属性をいくつか紹介する。ワークシートも用意したので、最適なトーカーを特定するさいにぜひ活用してもらいたい。

トーカー① 満足した顧客

一番身近にいるトーカーは、満足している既存客である。こちらが何をしてもつねに好意的に受け止めて、自分と同じような利用者が増えることを願ってくれる、そんな顧客のことだ。彼らはあなたの会社や商品のことを、周囲に話したくてたまらない。あなたの会社が携わる分野のお勧めを尋ねられたら、真っ先にあなたの会社を挙げてくれる。ただ、自分が満足すればそれでいい顧客と、満足しているから誰かに伝えたいと思っている顧客とがいるので、両者を見分ける必要がある。

後者の顧客を見つけるには、「周囲によさを伝えたい」と思っている兆候を探すこと。頻繁に来店する、店員の名前を知ろうとする、商品を愛する気持ちがこちらにまで伝わってくる、そんな顧客はいないか探してみよう。

同時に、そうした顧客の大切さを販売員に周知徹底しておくこと。あまり熱心すぎる顧客には、かえってイライラさせられたりするが、そういう顧客の熱意がクチコミの大きな資産になるのだと説き、好意的に受け止めるよう指導しよう。

また、顧客カードの記入に応じる人、ニュースレターを購読する人、ホームページに提案事項を送ってくれる人、掲示板に書き込みをする人、メールで連絡をとってくる人などにも目を光らせておこう。いま挙げた人はみな、あなたの会社に深いつながりを感じている。

顧客アンケートの結果もヒントになる。「このお店のことをどこで知りましたか？」と尋ねても、その結果を生かして行動を起こす企業は少ない。回答に、新たなトーカーの名前が書いてあるかもしれない。

トーカー② ネット上のトーカー

あなたの会社や商品について語っている人がいないか、ネット上を探してみよう。レビュー、記事、コメントなどをチェックするのだ。

どんな内容でも、書いてくれたということがトーカーへの大きな一歩である。自分の時間を使ってレビューを投稿するのは、関心が高い証拠。一消費者からトーカーになるだけの動機を示してくれているのだから、彼らを探さない手はない。

検索エンジンで、通常の検索とブログ検索の両方を行うとよい。見つけたトーカーはリストアップし、アドレスがわかるなら自分の立場を明かしてメールを送ればいい。一方的に宣伝するような文面でなければ、きっと相手も喜ぶだろう。

トーカー③　ロゴ好きな人

ロゴの入った服を着ている人は、そのブランドのトーカーだ。帽子、シャツ、バッグ……。ロゴを身につけるということは、タダで宣伝してくれるぐらいそのブランドが好きだということだ。ロゴ好きな人を見つけて、彼らに宣伝してもらおう。

ロゴを身につける理由はいたって単純。そのブランドのファンだとアピールしたいからだ。何かの一員になりたいという欲求は、人を行動に駆り立てるほど強い。

ロゴ好きを見つけるには、ロゴを身につける機会をこちらから与えるしかない。欲しい人が簡単に手に入れられるような仕組みをつくり、彼らの連絡先を入手しよう。ロゴを欲しがる人は、非常に積極的なトーカーだと思って間違いない。

ロゴ入り商品をそろえてオンラインストアで販売してもよい。オリジナルグッズの制作販売サイトなどを利用すれば簡単に用意できる。

トーカー④　愛社精神の強い社員

最も効果を発揮するトーカーは、もしかすると社内にいるかもしれない。

優れた会社であれば、「世間の関心が会社に向くことなら、誇りをもって行う」という社員が大勢いる。もちろん全員というわけにはいかないが、トーカーになる意思のある社員を選抜してクチコミチームを結成すれば、理想的なトーカーになってくれるだろう。

まずは社内を見回してみよう。トーカーに適している人はかなりわかりやすい。車やブリーフケースに会社のロゴを貼っていたりする。私の会社には、入社できた嬉しさのあまり、入社初日に会社の電子カタログを知り合い全員に送った新入社員がいた。

トーカー⑤　情報を求める人

トーカーは情報集めが好きな人に多い。

あなたの会社に関する情報を熱心に集めようとする人を見つけよう。ニュースレターを購読したり会社のブログを読んだりするのは、最新情報に飢えている証拠だ。話題にできる情報はないかと探し求めている人は、よいトーカーになってくれる。

ニュースレターなどの購読者リストに注目しよう。また、ニュースレターを転送した人を追跡できるメール配信システムを利用すれば、誰がトーカーとなっているか特定することも可能になる。

トーカー⑥　ファン、クチコミ・マニア

熱狂的なファンは、率先してトーカーになってくれる。

シャネルとグッチがブランドとして成功したのは、このブランドを着る大金持ちのおかげだけではない。「いつの日かシャネルやグッチを身につけたい」と願う大勢のファンから生まれたクチコミによるところが多い。熱心なファンはみずからトーカーとなる。車やコンピュータなど嗜好的要素の強い商品、映画、音楽には、熱心なファン層がいることが多い。

また、クチコミを広めること自体が趣味という人もいる。ハリエット・クロースナーという女性は、書評執筆を趣味にしている。図書館学を学び、複数の書店で勤務した経験のある彼女は、一万六〇〇〇を超えるレビューをアマゾンに投稿した。あくまでも趣味として。ハリエットは間違いなくトーカーである。

ファンを見つけるのは簡単だ。ファンサイトを開設している人をネットで探そう。

トーカー⑦　職業としてのトーカー

トーカーを職業としている人たちもいる。記者、コラムニスト、評論家、ブログで生計を立てている人、人材コンサルタントをはじめ、文筆業や専門家などもそれにあたる。

プロのトーカーには、広報部が対応することが多い。本書はアマチュアのトーカー（一般消費者）に焦点をあてているとはいえ、ここで紹介するテクニックの大半はプロにも使える。

プロのトーカーの場合、客観的かつ公正であることが絶対条件である。彼らの意見は事実に基づいていて当然、いいかげんなことを語れば信用問題になる。それゆえ企業の言い分には懐疑的で、新商品を発表しても飛びついたりしない。

だが、そうした慎重な姿勢だからこそ、彼らが勧めるものを知りたいというニーズが生じる。プロのトーカーは、正直な感想を気の利いた言葉で伝えて世間の信頼を得る。また、彼らはその立場上、クチコミのきっかけとなることもある。名の知られていないブランドが、業界内で評価の高いニュースレターや人気ブログ、雑誌のレビュー欄で取り上げられ、それが契機となってクチコミが広がることがある。

世界一影響力の強いプロのトーカーは、おそらくテレビ司会者として有名なオプラ・ウィンフリーだ。ちょっと話題にしたことでも、会報誌やテレビなどで改まって紹介することでも、彼女が口にすれば瞬時にヒットする。

トーカー特定ワークシート			
話題にしてもらいたい商品： 話題を届けたい相手：			
	トーカーA	トーカーB	トーカーC
候補者名			
誰と つながっているか			
集団に 属しているか すでに話題に してくれているか 彼らの話を聞いて くれる人はいるか			
クチコミの トピック			
トーカーへの 連絡方法			

優れたトーカーの見分け方

「トーカー」とひと口に言っても、身近な知り合いだけに話す人もいれば、世界中の人に向けて話す人もいる。また、説得力のある人もいれば、いいかげんなことばかり言う人もいる。トーカーを特定しても、それで終わりではない。そのなかからあなたにとって有利な資質を備えている人をさらに選別しよう。優れたトーカーの特徴としては、次の四つが挙げられる。

情熱　商品のことを熱く語るような人は、何事にも熱い。優れたトーカーは、前向きで情熱的な人が多く、自分の思いを周囲に伝えたいと思っている。目を引く新商品を見つけたら、話さずにはいられない。あなたが求めるべきは、トピックに注目し、トピックの中身を自分の目で確かめ、自分の意見を打ち出せるトーカーだ。「趣味にすべてを捧げる愛好家」をイメージするとよい。本物のグルメは、自分からお気に入りのレストランを言いふらしたりしないが、食に対して深い関心を持っている。そういう人にお店探しを相談すると、具体的な店名とともにその店のよさも教えてくれる。

信憑性　薬局で鎮痛剤を買うとき、レジ係の意見を求めたい人はいない。聞きたいのは薬剤師のお勧めだ。レジ係と薬剤師が一日に対応する客の数はほとんど同じだろうが、どちらのお勧めを聞きたいかという点では、薬剤師に軍配が上がる。なにも肩書きが大事だというのではない。ただ、扱っている商品について詳しい人のほうが、同じトーカーでも信憑性がある。ピザばかり食べている友人に、雰囲気のいいレストランのことを尋ねようとは思わないが、美味しいピザ（とビール）の店ならぜひ教えてもらいたいと思うだろう。周囲が一目置くぐらい詳しい人が、優れたトーカーとなってくれる。そういう人は、普通の消費者のなかにたくさんいる。お洒落な人がいい例だ。洒落た格好をしている人は、ファッションの話をしても信憑性があるので周囲からアドバイスを求められる。

コネクション　幅広い人脈がある人がトーカーとなれば、その効果はますます大きくなる。何かの団体に所属している、ボランティア活動に参加している、チームスポーツをやっている、ネット上の知り合いが多い、などの条件に当てはまる人を探してみよう。クチコミは量がものを言う。また、人と分かち合うことが好き、というのもトーカーに適した特徴である。人と深く関わろうとする、誰とでも打ち解けられる、という面も併せて考慮するとよい。ネット上に顔写真を添えて投稿する人、アマゾンで「ほしいものリスト」を公開する人、ボランティア活動に携わる人、ブログを書いている人はいないだろうか？　さかんに交流する団体に属している人は？

話す機会が多い　何かの活動に参加する人のほうが、家でじっとしている人よりもはるかに話をする機会が多い。人と交流する機会が多い人を見つけよう。よく旅をする人は、知り合いが多いと思って間違いない。とくに出張の多いビジネスマンは狙い目だ。出張に行けば必ず誰かに会い、話をする。大規模な会議や総会となれば、一度に大勢の人と話をする。化粧品メーカーは、自社のブランドにふさわしいホテルにお金を払い、石鹸や化粧水を客室に常備してもらっている。お菓子メーカーは、新商品を飛行機の機内で配ってもらおうとする。いずれの企業も、これから誰かと話をするトーカーの手に、自分たちの商品を渡したいのだ。

トーカー・プロフィール

　トーカーについて理解できたら、今度は自分にふさわしいトーカーに絞って考えてみよう。そのためには、次の二つを決めねばならない。

①自分の会社のことを広めてくれるトーカーの属性
②トーカーへの接触方法

すべての人にすべてのことをクチコミで広げるのは不可能だ。「広めたい」と思う理由は、人それぞれなのだから。だがもちろん、トーカーにふさわしい属性が複数あれば、それに越したことはない。五つのＴを考慮して、それぞれの属性に応じた計画を立てればよい。

トーカー・プロフィールを作成する

自分が求めるトーカー像とその理由を一ページ程度にまとめてみよう。これがあなたの「トーカー・プロフィール」になる。凝ったものは必要はない。クチコミキャンペーンを計画するときの資料になれば十分だ。ただし、次の五つの項目は含めること。

①トーカーの属性　②特徴　③関心のあること　④話題を広める相手　⑤接触方法

例をひとつ紹介しよう。あるデイケアセンター（託児施設）のトーカー・プロフィールだ。

▼トーカー・プロフィール（ＡＢＣデイケアセンター）

トーカーの属性　子どものいる共働き夫婦

特徴　このデイケアセンターに子どもを預けるのは、共働きの夫婦。母親も父親もキャリアを積んでいて、公私ともに忙しい。自分の生活スタイルを変えずに子どもの安全と教育を確保したいため、ここを利用している。

関心のあること　子育て全般、とくにワークライフバランスに関心が高い。子どもにより多くのことを経験させて、かつ自分の時間をキープする方法をつねに求めている。デイケアを利用すれば自分の時間が持てるという点は、もう話題にしてもらえている。

話題を広める相手　近所や職場の子を持つ親、家族。また、もうすぐ子どもが生まれる親から、真っ先にアドバイスを求められる立場にある。ブログや家族のウェブサイトを開設しているトーカーもいる。

接触方法　子どもを預けに来たとき。直接メールを送ることも可。

こうして簡潔にまとめるだけで、特定のトーカーとどう協力し合えるか考えられるようになる。ＡＢＣデイケアセンターは、利用者を増やしたいと考えている。利用客は、近所や職場で自分と同じ問題を抱えている人に、このセンターのことを話している。それなら、既存の利用客にとって魅力的なことを増やせば、もっと話題にしてもらえるはずだ。たとえば、延長託児プログラムの導入。大人だけで食事をしたいときなどに気軽に延長できれば、職場でもきっと話題にしてくれる。もちろん、ここで選んだトーカーが仕事を持たない祖父母だったら、まったく違うプログラムを導入することになる。

次ページのシートを使って、あなたもトーカー・プロフィールを作成してみよう。

トーカー・プロフィール作成シート	
トーカーの属性	
特徴	
関心のあること	
話題を広める相手	
接触方法	

トーカーと接触する

トーカーを特定したら、彼らと連絡をとることになる。彼らとの連絡手段は必ず確保すること。定期的に連絡がとれないと、クチコミの協力を得られる関係が築けない。トーカーとコミュニケーションを図れるかどうかが、WOMマーケティングとたんなる日常会話を分かつカギになる。トーカーを見つけるときに、連絡をとり合うこともつねに頭に入れておこう。

方法① 許可を得て情報を送る 熱心に商品を見ている顧客を見かけたら、お得意様カードの記入をお願いしよう。記入してもらうかわりにクーポンなどを渡してもよい。ネット上で商品について語っている人を見つけたら、案内を送らせてもらえないかメールで尋ねてみよう。トーカーになってくれそうな人を見つけたら、必ず連絡先を教えてもらうこと。連絡先がわからない相手と話をするのは困難だ。尋ねるときは、礼儀正しく丁寧に。迷惑メールへの嫌悪感から警戒心を持たれることは覚悟しておいたほうがいいが、臆病になってはいけない。商品のよさを広めたいと思っている人なら、連絡をもらえば嬉しいはずだ。トーカー気質のある人は、最新の情報を求めている。

方法② 連絡手段を確立する トーカーのためだけの、メールマガジン、チャットルーム、ブログ、刊行物などを作成しよう。新しいトピックが持ち上がるたびに、個別に電話をかけてはいられない。最新情報を継続的に配信するシンプルな仕組みを確立すれば、容易に注目を集められる。一番手頃なのはブログの開設だろう。購読者登録をしたくない人でも、ブログなら各自の好きなときに見てもらえる。

トーカーとの接触方法は、どんな形でもかまわない。大切なのは接触することだ。

トーカーに情報を与える

情報を手にしなければ、トーカーはトーカーでなくなってしまう。彼らにはつねに情報を提供すること。話題がなくなればクチコミもなくなる。

トーカーは、何が起ころうとしているのか知りたがっている。彼らはいち早く最新の情報が欲しい。商品に関する情報や知識が、トーカーたる立場の維持につながる。だから、トーカーが定期的に先行情報を受け取る仕組みをつくろう。ブログでも、メールマガジンでも、確実にトーカーへ情報が渡るならどんな形式でもかまわない。ただし、その情報を誰よりも早く目にするのは、絶対にトーカーでなければならない。

オフブロードウェイで大ヒットしたミュージカル「アルターボーイズ」は、上演のたびに会員登録した観客に感謝のメールを送っている。知り合いに勧めやすいよう割引クーポンを添付し、「アルターボーイズ」のホームページへのリンクも貼ってある。そのホームページには、写真、ダウンロード素材、観た感想を書き込む掲示板、ニュースレターなど、豊富なコンテンツが取りそろえてある。このように与える情報が多いほど、トーカーは話題にしてくれる。

トーカーが求めているものをまとめると、こうなる。

詳細なデータ　社内の人間にとっては些細なことでも、ファンにとっては案外知りたくてたまらない情報だったりする。トーカーは細部を知りたがる。技術データや製品マニュアルなどを公開して、彼らの心をくすぐろう。

進捗レポート　開発中の新商品の情報、今後のラインナップ、来期の計画など。今取り組んでいることをトーカーに教えよう。

企業ニュース　社内での出来事や新人の増員、人事異動、社内行事など。トーカーは企業の身内になりたいと感じている。会社で働く人の顔を見せよう。

チャリティに学ぶ：トーカーを駆り立てる

チャリティ団体やボランティア団体、政治家は、トーカーを満足させることに非常に長《た》けている。

ボランティア活動は、参加する人のモチベーションの維持、そして彼らの活動の管理がカギとなるから、優秀な運営者はボランティアの意欲をキープする秘訣を心得ている。その秘訣とは、次のようなものだ。

ボランティア希望者を全員受け入れる キャンペーン活動中の政治家の事務所では、突然訪ねてボランティアを申し出ても必ず受け入れてくれる。そして、必ず仕事がある。なぜか？　キャンペーンをするときに、新規ボランティアのための仕事をとっておくからだ。たとえば、DM送付の一大キャンペーンをするなら、切手貼りや封筒の糊づけといった手作業をわざと残しておく。あなたも、トーカー候補が突然現れたときのために、つねに備えておこう。

特別な存在だと感じさせる 内部関係者だという自覚を促す（そして、周囲にそのことを自慢したいと思わせる）方法を考えよう。議員に立候補した人は、選挙事務所で働くスタッフとできるだけたくさん握手をする。私が一九八八年にボランティアで選挙戦を手伝った上院議員は、今でも毎年クリスマスカードを送ってくれる。あなたも、トーカーに対する感謝を態度で示そう。

活動に楽しみを見いださせる 歩いた距離に応じて寄付を募る「ウォーカソン」。なぜそんな形で寄付を集めるのか？　あるいは、バザーで手作りクッキーを売るよりもっと楽にお金を集める方法はないのか？　もちろん、箱を抱えて一軒一軒寄付を求めるほうが簡単だ。だが、それでは面白くない。ウォーカソンやバザーにしたほうが、楽しめる。トーカーについても同様だ。「話題にすることが楽しい」と思ってもらえるよう心がけよう。

ケーススタディ：アニメ「ファミリー・ガイ」の場合

トーカーを大事にすることで生まれるパワーの凄さを教えてくれたのが、テレビアニメ「ファミリー・ガイ」だ。ＦＯＸが制作した風刺たっぷりのこのコメディは、たった二シーズンで放映打ち切りになったが、翌年、同社は、このアニメのＤＶＤ発売に合わせて、クチコミキャンペーンを展開した。

トーカーはすぐに見つかった。熱狂的なファンサイトが何百とあったのだ。まだブログが存在しないその当時、ウェブサイトを開設するのは今より苦労を要した。サイト運営者は、このアニメの話をするためならどんな労力も厭わない、非常にありがたい存在だった。

ＦＯＸはそんな彼らに、「オンライン・チーム」というファンクラブ名とそのクラブのメンバー資格を与えた。メンバーになれば、メンバー限定のサイトにアクセスできる。そのサイトには、そこでしか視聴できないビデオクリップやオーディオファイル、ダウンロード素材、キャラクターのプライベートメール、グッズ販売のページなどが設けられていた。また、メンバーには「新規メンバーのスカウト」というミッションが与えられた。メンバーに認定されたファンは、「自分は特別な存在なのだ」と自覚した。

その結果、メンバーはますます影響力の大きいトーカーとなった。彼らしか知りえない情報をあちこちで話題にした。ファンクラブサイトのおかげで、各メンバーのウェブサイトも内容が充実し、ネット上に点在する個人運営のファンサイトながら、何千という新規ビジターが訪れるほどになった。

そして、テレビ史上まれにみることが起こった。打ち切りになった番組の復活が決まったのだ。

このキャンペーンのウェブサイトは、今なお番組とファンを結びつける役割を担っている。ファンは相変わらず新たなファンを獲得するミッションに従事しながら、メンバー限定の各種特典を受け取っている。

感謝の気持ちを言葉にする

どんなものよりも強い武器、それは、誰もが親から教わった「ありがとう」という言葉だ。

トーカーに、「自分は感謝されている」「自分は認められている」と伝えることを心がけよう。そうすれば、今までの一〇倍も話題にしてもらえる。感謝の言葉はいくら述べても言い過ぎることはない。相手は言われるたびに「もっと話題にしよう」という気持ちになるだろう。

トーカーはあなたのビジネスを宣伝してくれる。それも無料で。彼らは、事業を支え、顧客を呼び込み、収益を増やしてくれる。よさを世間に広めようと、最前線で活動している。

そんな彼らに感謝するのは当然だ。しかも、ありがたいことに、トーカーとしての活動の見返りに彼らが求める唯一のものが感謝の言葉なのだ。それがあれば、彼らは身内になったような気持ちになれる。自分が支持する企業から称賛をもらう（たんに存在に気づいていることを知らせるだけでもいい）のは、親から褒められるようなものだ。だから、惜しみなく感謝の意を伝えよう。

品物やお金を渡せという意味ではない。トーカーの存在に気づいていると伝えること、そしてありがたいという気持ちを伝えることが「感謝」である。存在を認識して感謝を述べる――それだけで固い絆が生まれるのである。

感謝の気持ちを伝える方法

トーカーと会う機会があれば、直接お礼を言おう。会えないときは、感謝の手紙やメールを送ろう。私は月に一〇〇通以上の礼状を送っているが、それが役に立っている。礼状を写真に撮ってブログに掲載した人が何人もいるし、たくさんの人が「礼状の礼状」を送ってきてくれる。その数の多さは、ウェブで話題にしても感謝されたことのない人がいかに多いかを物語っている。

紳士靴メーカー、アレン・エドモンズの販売員は、私が電話で靴を注文するたびに、手書きの礼状を送ってきてくれる。アウトレット直営店で買ったときですら礼状が届いた。新規顧客を連れてきてくれたトーカーには、日頃の感謝とは別にお礼をするのを忘れないようにしたい。感謝の気持ちが相手に伝わる何かをしよう。

私がウェブホスティング会社のメディア・テンプルに顧客を紹介したときは、お礼としてサービス利用料が一カ月無料になった。私はそんな特典があることさえ知らなかったし、何かのキャンペーンに登録した覚えもなかった。思いがけない贈り物だっただけに、喜びもひとしおだった。また、私の妻が消費者レビューサイトのアンジーズ・リストを妹に紹介したら、お礼としてM&M'sチョコレートのファミリーサイズが送られてきた。

複数の人に一度に感謝の意を表すなら、その人たちだけの特典を用意するとよい。永久割引を認定する、新商品のサンプルや見切り品を贈呈する、あるいは工場見学ツアーに招待するのもいいだろう。オリジナリティあふれるやり方で、「感謝されている」とトーカーに感じてもらおう。素敵な体験を提供すれば、それもまた話題にしてもらえるのだから。

公の場で感謝する

感謝を伝えるなら、公の場で行うほうが効果的である。

テレビゲームのハイスコアリストがどれほどの効果をもたらすかを考えてみてほしい。パックマンのゲーム機にかじりつく人が続出したのは、リストに載りたい一心からだ。

トーカーとしての貢献度の高い人を、ウェブサイトで紹介しよう。彼らの顔写真と名前を刻んだプレートを社内に飾ろう。会社に届いた礼状はすべて写真に収め、ニュースレターなどを通じてお礼を言おう。

会社のブログを使って、紹介記事やコメントを書いてくれた人、会社のブログのリンクを貼っている人のブログを紹介しよう。ブログの世界は、書き手と読み手が互いに認識し合うのがすべてなので、感謝の意を表せば相手にも感謝される。掲示板があるなら、さまざまなアイコンを用意しよう。そして、熱心に書き込んでくれる人に特別なステイタスを与えよう。彼らが重要人物だと見えるように、当人もそう自覚できるようにすることが肝心だ。

企業のなかには、一番便利な駐車スペースを、月間トップの成績を収めた営業マンの場所としているところがある。それにははっきりとした理由がある。その場所に車を停める人が最優秀の成績を収めたのだと、全社員に知れるからだ。

トーカーの自覚を促す

オークションサイトのイーベイは、顧客にトーカーとしての自覚を促すのが抜群にうまい。一度でもイーベイを利用すれば、誰もが会員になる。しかも、利用頻度が増えるほどにステイタスが上がり、それを示すアイコンが表示されるので、ひと目で特別な存在だということが利用者に知れわたる。

クチコミキャンペーンにちょっとしたアイデアを取り入れれば、消費者にトーカーである自覚を容易に促すことができるはずだ。話題にするときに、「自分はこの会社の宣伝をしているのだ」という自覚を持ってもらえる方法を考えてみよう。

会社やブランドのロゴを提供して、トーカーのウェブサイトに貼ってもらうのもひとつの手だ。会員制の組織は、会員の証であるプレートやピンバッジを配りたがる。そうすることで会員でない人との差別化を図るのだ。会合の場では、バッジやリボンなどグッズを大量に配り、会員に組織にとって最も重要なトーカーであるとの自覚を促す。

もうひとつ例を紹介しよう。キリスト教関連の情報提供機関、ライフウェイ・クリスチャン・リソーシーズは、オンラインで聖書について学ぶ講座を開設したとき、自分たちのトーカーを「この講座を広めたい」という気持ちに駆り立て、「自分は宣伝する立場にある」と自覚させたいと考えた。そこで、サイト上に紹介ページを設け、友人のメールアドレスに講座への招待カードを送れるようにした。また、そのさい、友人が住む国も入力させるようにした。カードを送信した人には世界地図が描かれたウェブページが提供され、送った相手の国にピンが刺さる仕組みになっていたのである。

しかも、カードを受け取った人がさらに誰かに紹介すると、最初の送り主の地図にも、そのぶんのピンが刺さる。最初の送り主は、自分が送ったカードがどのようにして世界中に広がっていくかを、文字どおり目の当たりにできるのだ。トーカーであるという意識を芽生えさせ、クチコミが広がっていくさまを実感させ、ピンがどんどん増えていく楽しみを与える——実に優れたツールである。自分の地図にできるだけピンを増やそうと、熱心に講座の普及に努めるトーカーが後を絶たなかったのは言うまでもない。

トーカークラブをつくる

トーカーとのつながりを持つテクニックのひとつに、「トーカークラブ」がある。言わば、公認ファンクラブのようなもので、会社や商品のよさを広めることに興味のある消費者を会社が募集するのだ。

トーカークラブは、次の四つがあればすぐにつくることができる。

✤ウェブページ
✤登録の仕組み
✤参加特典
✤メールマガジン

この四つで、積極的に宣伝してくれるトーカー本部の完成だ。ウェブページが、トーカーとしての自覚を促し、広めてほしい情報を別のトーカーに伝える基地となる。「エバンジェリストクラブ」「アンバサダープログラム」といった名称もよく使われるが、いずれにせよ、要は企業の「ファンクラブ」である。

ファンクラブ

正式なWOMマーケティング活動の先駆けとなったのは、おそらくミュージシャンのファンクラブだろう。一九五〇年代、バディ・ホリー〔訳注：アメリカのミュージシャン。一九五〇年代のロック創成期に活躍して人気を博した〕に夢中だった少女たちは、声の限りに声援を送ると同時に、五〇セントを送ってファンクラブに入会した。現在でも入会のプロセスはまったく同じだが、今ならオンラインで即座に入会できる。

ファンクラブは、どんなものにもつくることができる。

防錆《ぼうせい》潤滑剤にすら、ファンクラブが存在する。防錆潤滑剤WD−40の公認ファンクラブは、目をみはるものがある。会員になると、お役立ち情報満載の会員限定サイトへアクセスできるほか、会員証が発行され、週刊メールマガジンが配信される。WD−40のスクリーンセーバーやダウンロードして遊べるゲームもある。さらには、会員のなかから同社の名誉役員まで選出されている。

ファンを楽しませるもの、それがファンクラブである。トーカーを呼び込み、広めたいという意欲をわきたたせ、感謝の気持ちを示すのに最適なものと言えるだろう。

はさみメーカーのフィスカースが運営するファンクラブ、フィスカティアーズも素晴らしい。はさみの何が面白いのか不思議に思うかもしれないが、スクラップブック作りに熱い思いを抱いている人は、紙を切る道具にも思い入れがある。フィスカティアーズは本格的なファンクラブであり、サイトにはブログや掲示板もある。毎年開催されるファンの集いはつねに大盛況、最後には帰りたくないと涙する参加者も続出する。

ウェブサイトひとつで、商品を愛するトーカーがたくさん生まれるのだ。

アンバサダープログラム

バーボンウィスキーのメーカーズマークは、トーカーとのつながりをワンランク深める優れたアンバサダープログラムを展開している［訳注：アンバサダーは「大使」の意］。メーカーズマークは、トーカーを公認するだけでなく、商品について話題にすることを奨励し、それに見合った見返りを提供している。

メーカーズマーク・アンバサダーに登録すると得られる特典はいくつもある。年代物のバーボンの樽に名前を刻んでもらえるほか、同社のCEOからのメール、近隣で開かれる関係者パーティへの招待状、バーボン用のグラス、絵ハガキセットが送られてくる。もちろん、メーカーズマークファンの一員であるというステイタスも手にする。

メーカーズマークが好きな人は、一般的な消費者に比べて「手造り」という点を高く評価する傾向にある。そう気づいたメーカーズマークは、トーカーたちが「良質なものを見分ける力がある」ことを周囲にアピールしたいのではないかと考え、「ファンの誓い」を作成した。これはトーカーの自尊心をくすぐると同時に、周囲にメーカーズマークのことを広めてほしいとお願いするのに大いに役立った。

ファンの誓い

私はメーカーズマーク・アンバサダーとして、このバーボンの滑らかな味わいを未だ知らない(かわいそうな)人々へ、メーカーズマークを紹介することを誓います。手造りのバーボンとはどんなものか、どれほど素晴らしい味わいなのかをわかってもらえるよう努めます。また、酒を扱う店を訪れたら、メーカーズマークを置くように進言します。もちろん、バーボンを飲むならメーカーズマークであると、身をもって実践します。

この誓いの言葉には、トーカーのすべてが集約されている。

消費者審議会

もう少し格式張った形を望むなら、消費者審議会をつくるとよい。消費者を招いて、会社に対する意見を教えてもらうのだ。一五〜二〇名程度の小規模なもので十分だ。会のウェブページをつくって呼びかければ、大勢の消費者に参加してもらえるし、トーカーの自覚のないトーカー候補者と話す機会も生まれる。

この手のプログラムには二つのメリットがある。ひとつは、消費者の意見がたくさん集まること。もうひとつは、手軽に会社とのつながりを感じさせられることだ。審議会に参加した消費者が会社から感謝されたと感じれば、もちろん話題にもしてくれるだろう。

トーカーを集結させる

自分が贔屓にしている商品を、自分と同じように贔屓にしている人がいるなら、会ってみたいと思うのが人情である。

同じブランドや商品を愛する者同士は、いわば家族の延長のようなもの。あなたは離れている家族が集結できる機会を設けよう。個々のトーカーが集まればクチコミ軍団になる。

ハーレーダビッドソンは、ウェブサイトにこんな言葉を載せている。「自分の家族を選べないなんて誰が決めた?」。実際、同ブランドは、HOG（ハーレー・オーナー・グループ）という会を設けている。現実世界でトーカー同士を結びつけるための会だ。会員数は一〇〇万人以上、支部の数も一〇〇〇はくだらない。会の目的はただひとつ、ハーレーに乗って楽しむことだ。

ハーレーオーナーは自分のバイクを誇りに思っており、バイクの話ができるチャンスをつねにうかがっている。それをハーレーはちゃんと心得ていて、州単位や全米単位で、毎年一〇回以上オーナーが集まるイベントを開催している。サウス・ダコタ州スタージスで開かれる毎年恒例のビッグイベントとなると、五〇万人以上が集結する。イベントに参加するたびに、彼らのハーレーに対する愛着は増す。話題にしたくなる何かを新たに提供するのにも、イベントは格好の場所である。ハーレーのファンには「信者」と呼べるほど熱狂的な人が多い。そこまで熱狂的なファンでなくても、トーカー同士を集結させる意義は十分にある。

ソフトウェア業界では、開発者会議という名目でプログラマーを一堂に会し、ソフトウェアの技術的な進歩について語り合う機会を設けている。これがたんなる研修なら、オンラインで十分だ。だがこの会議の本当の目的は、プログラマーを集結させることで彼らの熱意を駆り立て、各自一押しの製品について語り合うきっかけを与えることにある。

同じ分野に携わる人間を集めることで、その分野が活気づく。プログラマーという仕事は、職場でも独りで作業することの多い孤独な仕事だが、ファイヤーウォール管理者を三〇名ほど集めれば、そこに仲間意識が芽生える。同じ仕事をする他社の人と交流し、楽しい時間を過ごせば、次の会にも参加したくなる。同時に、自分が携わっているソフトの開発への熱意も生む。もちろん、ソフトのよさを広めることにもつながる。

自宅でイーベイに出品する人たちも、やはり仲間がいない。だからイーベイは、「イーベイ・ライブ！」という一万人規模の大イベントを毎年開催している。自分と同じようにイーベイを利用して出品している人たちと初めて顔を合わせることができるとあって、大勢の利用者がこのイベントへの参加をとても楽しみにしている。

イベントの目的は、「イーベイで効率よく販売するスキルを学ぶ」となっているが、真の目的は出品の意欲を高めることにある。イベントに参加すると、全員がおそろいのふざけた帽子をかぶり、ピンバッジを交換し合い、ダンスをする。ある年には、イーベイコミュニティの解説本まで配った。ここに集まった人たちは、イーベイ関連グッズを手土産に、イーベイへの出品熱を上げて家に帰る。そうしてトーカーとして素晴らしい役目を果たしてくれる。

小規模なイベントでも話題になる

必ずしも大規模なイベントである必要はない。どうすれば簡単にトーカーを集められるか考えてみよう。

店舗があるなら、カクテルパーティや音楽ライブ、朗読会などを開くことができる。会を開く理由は何でもかまわない。私はずいぶん前から、世界各地で毎年「優秀なマーケターのための宴」と題した交流食事会を主催している。主催といってもたいした手間ではない。中華料理店の大広間を予約して、その都市にいる知り合い全員に声をかけるだけだ。講演もパネルディスカッションもない。二〇〇名ほどが集まって、ただ美味しい食事を楽しむ。私のクライアントの大半が、こうした食事会から生まれている。素晴らしいクチコミもまた、こうした場から生まれることが多い。

ケーススタディ：マイクロソフトの場合

マイクロソフトのMVPアワードプログラムは、トーカーとつながりを持ち、彼らを称える手段の最たる例である。この制度が始まったのは一九九二年。ブログやソーシャルメディアが登場するずっと前のことだ。以来、この制度は消費者からつねに高い評価を受けている。

同社のショーン・オドリスコルは、この制度をWOMマーケティング史上、最も優れたクチコミプログラムへと成長させた。彼がつくったプログラムはいたってシンプルで、誰でも、どの程度の予算でも活用できる。

MVPプログラムは、今では九〇カ国、四五〇〇名のトーカーへ感謝の気持ちを表す年次イベントとなっている。以下がそのプログラムの取り組み方だ。

①MVP候補者を見つける　マイクロソフトは、掲示板やブログ、コミュニティなどネット上はもちろん、オフラインのイベントにも顔を出す。熱心にマイクロソフトのよさ

を広め、周囲からの信頼も厚いトーカーを探すためだ。特定のソフトウェアに愛着を持ち、ほかの人に教えるのが好き――こういうタイプの人がMVPの候補者になる。

②受賞者に驚きを与える　MVPに選ばれた人に、その旨を通知する手紙を送る。また、さまざまな記念品を詰めたギフトボックスも送る。中身は毎年違うが、ノートパソコン用のバッグや文具など、人に自慢しやすい品が多い。このギフトボックスの中身を当てようと、毎年多くの憶測が飛びかって盛り上がる。

③特別な存在だと感じさせる　MVP受賞者は毎年三名選ばれ、それぞれの元に受賞を知らせる手紙が届く。しかも、受賞者の職場や学校、配偶者にもその知らせが送られる。本人以外にも知らせることで、受賞者の昇進や進学の内定、あるいは家族の絆を深めるのにひと役買うこともある。

④受賞者を会社に巻き込む　MVP受賞者は、一年を通じて製品開発者と個人的に話をしたり、発売前のソフトを見せてもらったり、内部情報を教えてもらったりする。各受賞者は、それぞれ思い入れのあるソフトの開発者に実際に対面する。また、MVP受賞者だけのために、ウェブ会議やチャット、ウェブキャストを主催し、その数は年間五〇〇を超える。一日にひとつ以上のプログラムが運営されている計算になる。

⑤楽しませる　年に一度、ワシントン州レドモンドで開かれるMVPサミットは、MVP受賞者にとっての聖地巡礼と化している。費用はすべてマイクロソフトが負担する。

歴代MVP受賞者や製品開発者と会えるとあって、このイベントを心待ちにしている参加者はとても多い。ビル・ゲイツやスティーブ・バルマーも出席するほか、楽しいイベントがたくさん用意されている。ほかにも、一年を通じて、受賞者の居住地域ごとにさまざまな会合が催される。

マイクロソフトは、MVPアワードプログラムを使って、すでにトーカーとして熱意あふれる活躍を見せている人をうまく活用している。このように、すでに存在する熱心なトーカーをうまく活用する手段を見つけることが、WOMマーケティングの成功の秘訣だ。ここに挙げた五つを参考に、今すぐ何かを始めよう。

第5章 話題提供のテクニック

話題にする理由を提供する

話題にしたくなる「トピック」を提供しなければ、誰にも話題にしてもらえない。クチコミも起こらない。

注目が集まるものは、それが何であれ「トピック」である。注目を集めたうえに話題になれば、それは優れたトピックと言える。無料サンプルの大放出、素晴らしいサービス、特別なデザート、奇抜な広告など、どんなものにもトピックとなる可能性がある。

オンラインで靴を販売するザッポスは、「購入から三六五日間、理由を問わず送料無料で返品を受け付けます」というポリシーを掲げている。一年もたってから返品する人がいるとは思えないが、話題にしたくなるという意味で、トピックとしての役割は十分に果たしている。

ミッションステートメントはトピックにはならない

公式に発表したマーケティングメッセージやブランドの基本理念は、トピックにはならない。トピックとなるのは、人々の興味を引き、会話の火つけ役となるような、シンプルなメッセージだ。

クチコミに最適なトピックを見つけようとしたとき、従来のマーケティング手法に慣れている人は難しいと感じる。クチコミで広がるトピックは、マーケティングのルールに反するからだ。事前に計画できないし、統一性もない。それに、会社の思惑どおりの内容になることはめったにない。消費者が気に入れば、会社が公式に発表しているモットーや入念に練ったテーマでも話題になるが、これはむしろ例外だ。消費者は、「思いもよらなかったこと」を話題にしたがる傾向にある。

オンラインでギフトカタログを販売するレッドエンベロープのカタログは、他のカタログよりも明らかに優れているとまでは言いがたい。同社のモットーは、「レッドエンベロープは、あらゆるシチュエーションに応じて、贈って嬉しい、もらって嬉しいギフトを演出いたします」。これはこれで素晴らしいが、この文言を話題にする人はいない。

だが、同社にはとっておきのトピックがある。ここのカタログに載っている商品は、すべて大きなリボンのかけられた鮮やかな真紅のギフトボックスに入って届くのだ。受け取った人は、このギフトボックスのことを話題にせずにはいられない（品物よりも箱が話題になる）。

真紅のギフトボックスは、クチコミのトピックとして完璧だ。話題にしたいと思わせ、しかも話題にしやすい。ふつうは、カタログ会社からギフトが届いても、送られてきた品と、送り主の名前しか覚えていない。送ってきた会社名はまず印象に残らない。ところが、レッドエンベロープの場合、ギフトボックスが印象に残る。

どんな会社にも、どんな商品にも、必ずひとつはトピックとなる何かがある。それを見つけて消費者に提供するのがあなたの仕事だ。

とはいえ、トピックが見つかるのは運によるところが大きいのも事実。興味を持ってもらえそうだと思って次々にアピールしても反応がないことが多い。消費者は、こちらの意図とはまったく違うことを話題にしはじめるものなのだ。

最高のトピックを見つける

最高のトピックは、得てして非常に単純なもの、ときにはバカバカしいようなものだったりするので見落とされがちだ。クチコミで話題にされやすいトピックは、会社の企画会議で頭の硬い連中につぶされてしまうような類のものに多いのだ。

制約にとらわれず、柔軟なものの見方を心がけよう。もしかすると、入社したての研修社員が最高のトピックを思いつくかもしれない。

最高のトピックの条件は三つ。内容がわかりやすいこと、消費者が自然に話題にしたいと思うこと、そして簡潔で覚えやすいこと。この三つを念頭に置いて考えよう。

よいトピックはわかりやすい

トピックは短くてわかりやすいものにしよう。口にしやすいものひとつに絞るとよい。

チェーンホテルのホテル・モナコは、「お洒落で楽しい」というイメージを定着させたいと考え、客室に金魚を置いた。これは、誰かに話したくなるという条件をちゃんと満たしている。また、ウェスティンホテル&リゾートは、何年もかけて調査したうえで、「ヘブンリー・ベッド」を開発した。この寝心地のよいベッドで寝た翌日は、ついつい誰かに話したくなる（ただし、他のホテルもこのサービスを導入しはじめたので、ウェスティンには新たなトピックが必要だ）。

サンドイッチチェーンのクイズノスは、注文してから焼き上げるトーストサンドイッチを武器に、大手ライバルのサブウェイを相手に善戦している。トーストサンドはサブウェイでも扱っているが、クイズノスはそれをトピックにして成功した。

私のようなチーズ好き（チーズの産地ウィスコンシン在住）にとって、チーズ・カード［訳注：サイコロ状のチェダーの塊］の新鮮なものを食べたときの、あのキュッキュッときしむような歯ごたえはたまらない。

以前、妻と二人でウィスコンシンの中心部を車で走っていたときに、「キュッキュッとなるチーズ・カード、〇番降り口」と書かれた巨大なビルボードが目に入った。そんな看板を見せられては、是が非でも食べたくなる。約三〇キロほど進むと、ウィスコンシン州ラ・バレという小さな町にある、カール・バレー・チーズ・ファクトリーにたどり着いた。私たちはこの店でチーズ・カードを食べた。驚くほどの美味しさだった。

その店には、グルメ界の高名な賞を受賞した非常に珍しいチーズも置いていた。ふつうなら高級チーズ専門店でしか手に入らないような逸品だ。私はそれも大量に購入し、ニューヨークでシェフをしている友人にいくらか送った。こうして私たちは、このチーズ店のトーカーとなった。

私はこの店のことを誰かに話すとき、きしむ食感のチーズ・カードのことを話題にするようにしている。その他のチーズのよさを知ってもらいたいときは、店に連れて行ったり、メールオーダーで注文して送ったりする。羊とヤギの乳を半々に混ぜてスモークしたフェタチーズの素晴らしさは、言葉ではとても表現できない。その点チーズ・カードなら、「きしむ食感が最高なんだよ」と言えばすぐ理解してもらえる。カール・バレー・チーズ・ファクトリーのトピック選択は正しかったのだ。

話題になるトピックは、想像以上にシンプルだ。ひとひねり加えたいという誘惑に駆られそうになっても我慢しよう。

よいトピックは自然に広がる

消費者がある商品について自然に話題にするトピックは、その商品の優れた部分に関するものになる。話題にするだけの価値があれば、売り手が何もしなくてもクチコミが生まれる。この種のトピックは、世間に広く長く浸透することが多い。

クチコミで広がるトピックには商品の特徴に関するものが多いように思えるが、それと同じくらい、宣伝に関するものもトピックとなりうる。

商品のデザインや特徴は、つい話題にしたくなるものである。宣伝で強くアピールしなくても、デザインや特徴から、自然と商品のトピックが見えてくる。

よいブランドイメージを長期にわたって定着させたいなら、単発のプロモーションだけでは不十分だ。消費者が心を奪われ、知り合いに話したくなるような商品を生み出さねばならない。

まずは、「この商品を見て、知り合いに話したいと思う人はいるだろうか？」と問いかけることから始めよう。会議のたびに、各部署で、つねに問いかけるのだ。みんなが自信をもって「イエス！」と言えないなら、何か手を加えたほうがいい。

よいトピックは、いつでも、どこでも口にできる

トピックは、どこでも簡単に口にできるものでなければならない。

経営者は、つねに自分の会社について簡潔に説明できるよう心がけている。ビルの二〇階で投資家とエレベーターに乗り合わせても、一階に着くまでに自分の会社を売り込みたいからだ。だがこれでも、クチコミにするには長すぎる。

クチコミのトピックを考えるときは、すれ違いざまに伝えきれるくらい簡潔かどうか、テストしてみる必要がある。次の文章に自分の商品を当てはめて完成させてみよう。

❖「〇〇（商品）」は××だから、試してみるといいよ。
❖「〇〇（商品）」が××したんだって！
❖××と言えば、やっぱり「〇〇（商品）」だよね！

トピックは、「と」や「で」を使って長くしてはいけない。また、「お待ちいただいている間、経験豊かで明るく親しみやすいスタッフが対応し、アイスクリームをサービスいたします」のように、伝えたいことをずらずら並べ立ててもいけない。トピックは一秒ほどで言えるものが望ましい。先の文なら、「お待ちいただく間、アイスクリームをサービスいたします」にすればよい。これくらいでないと、誰も覚えてくれない。

最高のトピックは、予期せぬ形で生まれる

消費者の声に注意深く耳を傾けよう。彼らの間ですでに話題が生まれていても、その内容は売り手の意図とは違うものかもしれない。それでも問題ない。そのまま受け入れよう。

消費者が盛り上がるなら、それが何であれ最高のトピックである。たとえ「速さ」を売りにしたのに「価格」が話題になっても心配はいらない。画期的なシミ抜き剤を売り出したのに、除草剤として非常に優れていると判明しても、パニックになる必要はない。

スポットの当たっていない特徴や思わぬ使い道は、ときとして最高のクチコミトピックと化す（社内の広告担当者など、クチコミをつぶそうとする輩がいても無視すればいい）。思いもよらないトピックが消費者のなかで生まれるのは、決して悪いことではない。それはむしろチャンスである。

高校生の間では、プロム（ダンスパーティ）用のドレスやタキシードを手作りするときに、配水管の補修などに使われるダクトテープを使うのが常識になっている。これこそまさに、まったく思いもよらない使い道から生まれた最高のトピックだ。

ダクトテープブランドのダック・テープは、この使われ方に注目し、ダクトテープを衣装に使うことを奨励するようになった。そうして始まったのが「スタック・アット・プロム」とい

うコンテストだ。ダクトテープを使った衣装でプロムに参加したカップルが対象で、最も素晴らしい衣装のカップルに奨学金が贈られる。毎年何百というカップルがエントリーするのは、コンテストがクチコミで広まっている表れだろう。同社のサイト www.stuckatprom.com には、優勝カップルの写真が掲載されている。今後、自分が何人にこの話をするか、数えてみよう。

トピックは、守り、育てるもの

トピックを見つけても、それで終わりではない。世の中の流れに沿い、効果を生み出しつづけるよう、つねに目を光らせ、必要に応じて変えていく必要がある。

テストする

自分が見つけたものがよいトピックかどうかは、世間の反応を見るまでわからない。どれだけ入念に計画を立てても、事前には善し悪しがわからない。テストあるのみ、なのだ。それがよいトピックなら、必ず話題にしてもらえる。

電話で試す　思いついたトピックを最低三人に電話で回し伝え、最後に自分の元へ戻ってくるようにする。トピックの中身は変わらなかっただろうか？　確かめてみよう。

高校生に尋ねる　高校生ぐらいの若者にトピックを聞かせ、話題にしたいと思うかどうか尋ねてみよう。一〇代の若者に少しでも興味を示してもらえれば脈はある。

顧客に試す　トピックを顧客一、二名にさりげなく伝え、どうなるか見守る。何か反応を見せるだろうか？　誰かにその話題を伝えるだろうか？　そのトピックについて尋ねる人が、店にやってくるだろうか？

鮮度を保つ

よいトピックでも、時間がたてば古くなる。

残念ながら、話題にする人が増えるほど興味は薄れる。広く知られることで、トピックの話題性が損なわれてしまうのだ。クチコミの多くが、あまり知られていない情報を伝えたいという欲求から生まれることを思えば、そうなるのは当然だろう。

私はかつて、クチコミだけを使って、マーケティング・シンポジウムを宣伝したことがある。シンポジウム参加者のブログや、講演予定者のインタビューをポッドキャスティング［訳注：インターネット上に公開した音声や動画を、専用のソフトに自動的に配信する仕組み］で事前に公開したことが効を奏し、他に類を見ないマーケティングだと大きな話題になった。

そこで、同じ手法をもう一度使ったのだが、今度は散々だった。ブログもポッドキャスティングももう新鮮味がなく、話題にする理由にならなかったのだ。

約束したら勝手に変えない

いざ何かが話題になったら、話題になったトピックの内容は、ずっと維持していかねばならない。トピックの鮮度が落ちると、そのトピックに対する思い入れも弱くなるが、だからといって、トピックとなっていることをひとつでもやめたら、必ず消費者に気づかれる。

ミッドウエスト航空には、強力なトピックが二つあった。その二つが気に入って固定客になった人も大勢いた。ひとつは、エコノミーの価格でファーストクラスに匹敵するサービスを提供すること。乗客全員がVIP扱いされるのだ。豪華で美味しい食事が陶器の皿で供され、シートはすべて革張り、座席は二列席のみである。そしてもうひとつは、フライトのたびに機内でチョコチップクッキーを焼いて乗客に振る舞うというものだった。

ファーストクラスの乗客と同じようなサービスを嫌がる人がどこにいるだろう。焼きたてのクッキーが嫌いな人などいるだろうか。かくしてミッドウエストのサービスは人々に愛され、クチコミで大きく広がった。同社の飛行機に乗りたいがために、ハブ空港であるミルウォーキー空港でわざわざ降りる人まで現れはじめた。

ところが、ミッドウエストは「セーバー・サービス」という名の低価格座席を導入した。革張りのシートも陶器の皿もなく、クッキーがもらえるフライトも一部だけ。これまでのサービスも健在だが、それには、セーバー・サービスに追加料金を払わねばならなくなった。追加料金を払ってファーストクラスのサービスを受けるなら、他の航空会社と同じである。ミッドウエストは、コストの削減とともに、クチコミで広がったサービスまで削ってしまった。もうミッドウエストのことを話題にする人はいない。

ステップ① 今日から使えるトピック探し

ここからは、すぐに話題にしてもらえるクチコミのテクニックをお教えしよう。どれも今すぐに始められるうえ、費用もたいしてかからない。後半では、少々手の込んだものや費用をかけるものも紹介する。

特別セール

一番簡単につくれるトピックは、セールの類である。人気商品の価格を下げて、店舗のショーウィンドウにセールの表示をすれば、それを見た人が知り合いに話す。セールならば、人を集めるのも話題にしてもらうのも、それほど入念な戦略は必要ない。一過性とはいえ、確実に会話のきっかけを生む。セールは、長きにわたってその有効性が認められているトピックのひとつだ。

このトピックに、ちょっとしたアイデアを加えてみよう。たとえば、購入者に非売品のノベルティグッズを進呈する、消費者が驚くような企画をする。注目を集めることを狙うのだ。一風変わったセールをすれば、それだけ話題にしてくれる人も増える。

また、セールをするときには、「選ばれた人だけのため」と思わせることを忘れてはならない。「社員の家族及びその友人に限定」「一部の会員様限定」といった、対象を限定したクーポンがメールに添付されることがよくあるが、これはもちろん、そのメールを通じて多くの人に広めてもらうことを狙っている。あなたも特別セールを企画してメールで知らせてみよう。社員から各自の友人に広めてもらうといい。社員は喜んでトーカーになるだろうし、安く買える権利を配るのだから、彼らの株も上がる。あとはクチコミで広がるはずだ。

期待以上のサービス

「あのお店は抜群に対応がいい」、この言葉は非常に強力なクチコミトピックである。顧客への対応は、とにかく感じがよいのが一番だ。

顧客に少しでも「特別」だと感じてもらえるサービスを心がけよう。期待以上のサービスをする会社はめったにないので、少しでも気前のいいことをしたり、迅速丁寧な対応を見せたり、他社とは違う何かをすれば、間違いなく話題になる。

期待以上のサービスは、どのタイプの事業でも実践できるし、やれば必ず効果が表れる。

たとえばアメリカでは、修理工が顧客の家に上がるときに必ず靴を脱ぐとか、買い替えで不要になった品を購入品の配達人が持って帰ってくれるというだけで会社の評判がぐっと上がる。荷物を詰める段ボールを余分に用意してくれる引っ越し業者、搬入トラックを無料で手配してくれる倉庫会社、購入した家で家具の搬入まで立ち会ってくれる不動産会社なども、クチコミで勧めたくなる。

メガネ販売のレンズクラフターズは、他店で買ったフレームを持参しても、手数料無料でレンズをとりつけてくれる。年商三〇〇〇万ドルの通信機器アクセサリのネットショップ、ヘッドセッツ・コムは、注文をもらうたびに、CEOの直通電話番号とメールアドレスを添えてお礼のメールを送る。大手デパートチェーンのシアーズは、九〇日以内であれば、理由の如何を問わずほとんどの商品の返品・交換に応じる。このサービスがあれば、買った冷蔵庫を自宅のキッチンに置いてみたら違和感があった、というときでも安心だ。このように、顧客の期待を少しでも超えたサービスを提供すれば、クチコミが生まれる。

オンライン印刷サービス会社のプリンティングフォーレス・コムも、期待以上のサービスを提供することで、アメリカで一、二を争う人気店となった。私が少量のパンフレットの印刷を注文したとき、同社の社員は、私のウェブサイトを訪問し、パンフレットのロゴとウェブサイトのロゴの色が微妙に異なっていることに気づいた。そして、私にその旨を連絡し、無料でウェブサイトの色に修正してくれた。五〇〇ドルにも満たない注文のために、ここまでやってくれたのである。当然、私の会社の社員は、プリンティングフォーレス・コムのよさを広めて回っている。

自分の顧客への対応が、誰かに話したいと思われるものかどうか考えてみてほしい。話題にする理由を提供しているだろうか？　悪い評判につながる理由を提供してはいないだろうか？　会社へ問い合わせの電話をかけてきた誰かは、電話を切ったあと、知り合いに何と言って回るだろう？

よいクチコミが広まるためにも、「普通」よりも少し余分にできることはないか考えてほしい。

遊び心を取り入れる

昨今の企業はあまりにも硬すぎる。思わず笑ってしまうようなことをしよう。そうすれば話題になる。「笑いは百薬の長」と言われるが、「クチコミトピックの長」でもあるのだ。

バックパックに思い入れがある、という人の気持ちを考えたことがあるだろうか。バックパックブランドのジャンスポーツは、バックパックに強い愛着を持っている人が多いと気づき、永年保証を提供するようになった。また「バックパック・キャンプ」という名称で補修も受け付けている。直しに出すというよりも、休暇をとらせるという感覚を消費者に持ってもらうのだ。キャンプに送り出したバッグからは、素敵なポストカードまで届く。そこには、キャンプでどんなことをしているか、いつ家に戻るか、といったことが書かれている。

ときには、遊び心を加えた商品名がそのままトピックになる。家屋の基礎修理を頼んでも、楽しいと思うことや印象に残るようなことはまずない。だが、ミズーリ州セントルイスを拠点とするザ・クラック・チームに頼めば、話は別だ。「乾燥からくるひび割れ《クラック》は、ハッピーなチャンス《クラック》！」という一風変わったモットーを掲げる同社には、ミスター・ハッピー・クラックという愛らしいマスコットキャラクターがいる。このキャラクターのおかげで、同社は全米中に知られる存在となった。ミスター・ハッピー・クラックのウェブサイトもあり、このキャラクターのTシャツなども販売されている。同社の仕事ぶりはもともと評判がよかったが、誰かに言いたくなる名前をつけたキャラクターの存在がなければ、全国にその名が知れわたることはなかっただろう。

シカゴを中心にレストランチェーンを展開するポットベリー・サンドイッチ・ワークスは、建築現場の足場に囲まれた状態で新店舗をオープンした。同じビルのほかの店は、工事中だと誤解されないよう、普通に「営業中！」の看板を出していた。だがポットベリーはこの状態をチャンスととらえ、こんな看板を掲げた。「こんなところに、工事現場に見せかけたサンドイッチレストランが！」。この看板を見て、どれほど多くの人が同僚に話し、ランチを食べに行ったことか。

遊び心を難しく考えてはいけない。私は何年も前から、「しまった、どうして思いつかなかったんだ」というタイトルと、「あなたもWOMマーケティングの達人になれる」というタイトルのメールマガジンを発行している。どちらも充実した内容だと自負しているが、そのタイトルを見せたくて知り合いに転送する人が多い。

チャリティに協力する

チャリティに協力すれば、それがそのままトピックとなる。「どうせならあの店で買いなさいよ。そうすれば、寄付することにもなるから」と話題になる。社会貢献に真摯に取り組むい機会であると同時に、よい評判が流れるきっかけにもなる。

チケット制の大きなイベントを宣伝するなら、そのチケットをチャリティオークションにかけるといい。場合によっては、どんな広告よりも、オークションのクチコミのほうが広く知れわたる。イーベイに出店している店舗には、持ち寄られた中古品を売ってお金を集めようとする教会には手数料を要求しないところが多い。店側の負担額はたいしたものではないし、何よりも、教会に来る人がその店舗のことを覚えてくれる。

クチコミの視点から見ると、チャリティ団体への協力はきわめて有利にはたらく。チャリティ団体に属する人々の間で、クチコミを広げるネットワークが確立されているからだ。全国規模の組織であれ、若者の小さな集まりであれ、どこかの非営利団体とのつながりが生まれれば、それに関わる人には「話題にする理由」になる。しかも、チャリティ団体は、意欲をもって活動している人たちの統制のとれた集まりなので、コミュニケーションチャネルも確立している。

協力するチャリティのメンバーがトーカーになったときのことを想像してみてほしい。赤十字に寄付しても、ありきたりすぎて注目は集まらない。それよりも、一見何の関連性もない団体や地元の団体に協力したほうが効果的だ。貢献していることを活動メンバーに知らせてほしいと頼むのは、良識の範囲内だ。

ステップ② 話題にしたくなるキャンペーンを企画する

最高のトピックは、クチコミが広がることを狙ったキャンペーンから生まれるかもしれない。キャンペーンとなると、準備に多少時間を要するが、数週間もあればできる。決して難しくはない。

繰り返し口にしたくなる広告

よい広告はクチコミのトピックになりうる。ハンバーガーチェーン大手のウェンディーズが打ち出した「Where's the Beef?（牛肉はどこ?）」、バドワイザーの「Whassup!（おっす!）」などの広告は、一度目にしたら心に残り、つい話題にしてしまう典型的な例だ。

消費者が口にしたくなる広告は、クチコミで広がる。口にしたくなる広告から生まれたクチコミは、必ず世間に広がる。

消費者は、広告の話をするのが好きだ。商品についてのクチコミとされているものの多くが、実際には商品の「広告」に関するクチコミである。広告を打てば必ず話題になるとはかぎらないが、やってみるだけの価値はある。

事務用品販売のステープルズは、素晴らしい広告キャンペーンを展開した。広告のテーマは、「That was easy.（たいしたことなかったよ）」。広告のポスターには「easy《イージー》」と書かれたボタンを押す絵が描かれていた。イライラしたときに押せば気持ちが楽になるというボタンだ。その後、そのボタンを実際に製造して販売すると、広告よりもはるかに大きな反響を呼び、クチコミで一気に広がった。結局、「イージー・ボタン」は一〇〇万個以上売れた。買った人は、そのボタンを会社のデスクに置いている。つまり、一〇〇万近いオフィスで話題にされているのだ（ステープルズはこのボタンの収益をチャリティ団体に寄付した）。

広告を打つということは、たくさんのお金を投じて大勢の人に何かを伝えるということである。メッセージを受け取った人がそれを何度も口にしてくれれば、どんなにいいだろう。

バイラルメール

バイラルメールとは、大勢の人に転送してもらう目的で送るメールのことである。メールの内容は、クーポンでもメールマガジンでも商品の最新情報でも何でもいいが、ジョークやゲーム、笑える動画などを送るのが一般的だ。

このメールを利用する企業は非常に多く、クチコミと同じだと考えている人もいるようだが、バイラルメールを送れば自動的にクチコミが広がるわけではない。たんに、クチコミを発生させたいと願う企業が行う、数ある手法のひとつにすぎない。

バイラルメールは、デザイナーに何か面白いものをつくらせ、送るだけでいい。あなたの受信ボックスも私と同じで、仕事関係のメールはちらほらあるぐらいで、友人や同僚が面白いと思って転送してきたメールで埋め尽くされているかもしれない。そうしたメールがバイラルメールと呼ばれるものだ。

バイラルメールの成功は、運しだいだ。タイミングが合っただけで、たくさんの人に転送してもらえることもある。気に入られれば、何百万という読者に瞬時に読んでもらえる。その一方で、誰にも転送されない恐れもある。

バイラルメールは注目を集めるためのものなので、意味のないばかばかしいことでも、商品にまったく関係のない内容でもかまわない。そのせいか、このメールを送付するのを好まないマーケターもいる。押しつけがましいうえに、ブランドイメージの向上にほとんど結びつかない、と考える人もいる。だが、うまくやれば、ものすごい勢いでクチコミが広がる。

バイラルメールで確実に成功するには、クーポンを送付することだ。数年前のある日、私の会社で雇っていた研修社員が、次々に興奮した様子で出社してきた。ドラッグでもやっているのかと思ったほどだが、あながち間違いでもなかった。ただ、彼らが興奮した原因は、ドラッグではなくクーポンにあった。バーンズ・アンド・ノーブル書店に併設されているスターバックスでコーヒーが無料になるクーポンが、彼らの受信ボックスに届いたのだった。そのメールは町中に転送され、スターバックスに長蛇の列ができた。この期間で売り上げた書籍やラテの金額は、おそらく無料クーポンの一〇倍にはなっただろう。

「バイラル」とは、「ウイルスのように伝染して一気に広がる」という意味である。だが、はき違えないでもらいたい。「バイラルな（＝ウイルスのようにどんどん広がっていく）何か」をつくりだすことは不可能である。この言葉は、送ったメールが大勢に転送される現象を形容したものにすぎない。人々の関心を引く何かをつくり、クチコミの口火を切り、バイラルになることを期待する。それがバイラルメールである。「バイラルな動画をつくる」と言うのは、「トップ40にランクインする曲をレコーディングする」と宣言するのと同じだ。素晴らしい曲をレコーディングすることはできても、ランクインする保証はない。

無料の情報

無料で何かを提供するのも、話題を生むのに適した方法である。

提供するものは、市場調査の結果、レポート、ホワイトペーパー（商品や技術に関する詳細な解説書）、ウェブキャスト、メールマガジンなど何でもいい。「無料で何かが手に入る」というのは、クチコミが始まるきっかけとして実においしいトピックになる。提供するものが多いほど、消費者が話題にする中身も充実する。トーカーにとっても、より多くの情報を得られるほうが「通」に見える。一回限りのプロモーションのことよりも、売り手から新たにもらったリサーチ情報のほうが話題にしたくなる。

おまけに、どれも大勢に瞬時に送ることができ、作成にもそれほどコストはかからない。

私が以前一本あたり五〇〇ワードにも満たない記事をウェブサイトにアップして、自由にダウンロードできるようにしたところ、一万回以上ダウンロードされた。しかも、そのほとんどが、さらに別の誰かにメールで転送された。

クラウドコンピューティングのセールスフォース・コムのサイトでは、過去に開催したイベントの映像、音声、プレゼンテーションがすべて見られるようになっている。同社のサイトはコンテンツの宝庫であり、それが同社の製品をいっそう使い勝手のいいものにしている。こういうことは、オフィスで話題にされやすい。出版社も、新人の小説を売り込むために最初の一章分をウェブ上で無料公開し、クチコミで読者を増やそうと試みている。

無料で提供するもので一番効果的なのは、週刊メールマガジンの発行である。簡単につくれて、読者に役立つ情報を提供できるうえ、転送もしやすい。まだメールマガジンを発行していないなら、今日から始めよう。

あまり情報をばらまきすぎると、商品の価値を下げることにつながるのでは、と心配する人もいるようだが、それは絶対にない。情報の提供は専門知識があることの証明になり、それが消費者にとっての魅力となる。情報を提供すれば、話題にしたくなると同時に、情報提供者のことをもっと知りたいと思うようにもなるものだ。

目立つ行為

ウインナーをかたどった車「ウインナー号」をご存じだろうか。この車は一九三六年に初登場して以来、ずっとクチコミを生み出している。

目立つことをすると、瞬時に話題が広まる。ブランドの素晴らしさを思い入れたっぷりに語るような会話が起こるとはかぎらないが、必ず話題にはなる。

炭酸飲料メーカーのジョーンズ・ソーダは、コカ・コーラやペプシほどの宣伝費はないが、話題の生み出し方は心得ている。ある年の感謝祭の日、ジョーンズ・ソーダはとんでもなくまずいフレーバーを発表した。芽キャベツと生ハム味、ブロッコリーグラタン味、スモークサーモン味……。聞くだけでぞっとする。

とても飲めたものではない。でも話題にはなる。このソーダで、何味か当てるゲームを楽しんだのは、きっと我が家だけではないはずだ。あの味のラベルを目にしたら、誰かに話さずにはいられない。それに、次にドリンク売り場に行ったときは、ジョーンズ・ソーダの定番の味に絶対に目がいく。

ハーフ・コムのプロモーションは、私の知っているもののなかでも型破りだった。ハーフ・コムはよくある買い物ウェブサイトだが、ＩＴバブルの頃、他社と同じく消費者の注目を集めるべく、オレゴン州の「ハーフウェイ」という小さな町（人口三四五名）の名称を、一年間だけ「ハーフ・コム」に変えてしまった。この前例のない戦略で、ハーフ・コムは地図ばかりか買い物サイト業界の勢力図まで塗り替えた。全米中のメディアが取り上げて、大きな話題となったのである。

ヤフーも目立つことをして話題になるのが得意だ。一〇周年を迎えたとき、サーティワンアイスクリームのバスキン・ロビンスと提携し、サーティワンのアイスが無料になるクーポンを提供した。ディスカウントストア大手のターゲットは、うだるような暑さのマンハッタンで、九九ドルのエアコンをトラックいっぱいに積んで販売した。当時マンハッタンにはターゲットが一軒もなかったというのに、誰もがこの店のことを話題にした。ファストフードのネイサンズが主催するホットドッグ早食い選手権も、毎年大きな話題になる。

目立つことをするのに、費用や手間は必要ない。ただ楽しめばよいのだ。コンテストやパーティを主催してもいいし、スタッフにエルヴィス・プレスリーの格好をさせてもいい。以前、どこかのショッピングモールを歩いていたとき、ショーウィンドウに飾ってあったビニール製の恐竜とロボットの手が目に入った。特別気の利いたものでもなかったが、それをひと目見ようと、モール中から子どもたちが押し寄せた。もちろん、両親の手を引いて。

ステップ③　話題にしたくなる会社になる

何にも増して最上のトピックは、消費者がつねに話題にしたくなる会社になることだ。話題にしてもらえる会社になろうと全社をあげて真剣に取り組めば、きっと消費者に関心をもってもらえるようになる。社内にはたらきかけて、会社のあり方、顧客との関わり方をクチコミ重視に変えていけば、あなたの会社は消費者にとって「つねに気になる存在」になるのだ。

社内の意識を変えるのは容易ではない。場合によっては、組織を根本から変えねばならないので、どの会社でもできるわけではない。だが、話題にしたくなる体験を提供できるようになった暁には、大きな成功が待っている。高いお金をかけた広告を打って絶えずメッセージを発信しつづける企業から、お金をかけなくても、クチコミで知った顧客が次々にやってきてくれる会社へと変貌できる。

類まれな商品を目指す

優れた商品は、長く語り継がれる。ときには会社を変えてしまうほどの勢いのクチコミが生まれることもある。消費者を惹きつけてやまない商品をつくろう。そうすれば永遠に語り継いでもらえる。問題は、どうすれば惹きつけられるかだ。

ヴァイキングのコンロ。モレスキンのノート。コーキーズレストランのバーベキューグリルプレート。ティファニーのダイヤモンド。マノロ・ブラニクの靴。シーズのキャンディ。ピーター・ルガー・ステーキ・ハウスのステーキ。

消費者を唸らせつづけるこれらの商品に共通するトピックは、当然「人々に愛される商品」である。

独自性を出す

「○○って知ってる?」――会話の始まりでよく使われる言葉だ。人は、驚いたことやすごいと思ったことを誰かに話したがる。他社とは違う存在になろう。商品の特徴を生かして、会話のなかで取り上げたくなるようなトピックを打ち出していこう。

「○○といえばこの商品」と思ってもらえるトピックはないだろうか。これは、従来のマーケティングでいう「ポジショニング（消費者の頭のなかにブランドを位置づけること）」に少し似ているが、こちらは消費者の頭ではなく会話のなかに、ブランドを位置づけようとする。

ナイキには、スニーカーのカスタマイズサービスがある。デザインや色、素材まで、すべて購入者が好きに選べる。自分でデザインしたスニーカーを履いていれば、必ず誰かにそのことを話す。その話を聞いた人は、ナイキのスニーカーはカスタマイズできるのだと知る。

スーパーマーケットチェーンのトレーダー・ジョーズは、「他店では手に入らない商品を扱うスーパー」というクチコミが絶えない。珍しい食品を多数、比較的手頃な価格で提供している。しかも、どれも美味しい。

この店が販売するブルスケッタのトッピングは、フロリダに暮らす私の両親のお気に入りの一品である。フロリダにトレーダー・ジョーズはないが、シカゴ店から送ってもらえるのだ。父がそのトッピングのことを友人に話したところ、その友人もまた自分の子どもに話した。先日聞いたところによると、その友人のそのまた友人の娘さんにまで話が伝わり、彼女は三ドルのトッピングを求めて、はるばる一五〇キロ離れたシカゴまで買いに行ったそうだ。トレーダー・ジョーズには、このトッピングのように他店では買えない品が三〇〇以上ある。独自性がどれほど大きな力となりうるか、容易に想像できるだろう。

クレヨンブランドのクレオラは、専用の紙にしか色がつかないカラー・ワンダーという不思議なペンを開発した。壁や子どもの身体には色がつかない。あまりにも素晴らしい発明なので、何もしなくてもひとりでにクチコミが広がっている。このペンを子どもに使わせた親は、すぐに電話を取り、子を持つ友人に話して聞かせるのだ。

買い物での体験

店舗にやってきた人全員が、瞬時にトーカーとなってくれたらどんなにいいだろう。そうなるためには、店そのものをトピックにしてしまえばいい。店での買い物を、誰かに話したくなる体験にしよう。

人が店にやってくるのは、品物を買うためだけではない。それ以上の何かを求めている。だからモール・オブ・アメリカに、毎年四二〇〇万もの人が訪れるのだ。

アウトドア用品店のREIには、登山服や登山靴を試着して登山が体験できるよう、ビルの三階ほどの高さの壁や山道を想定した場所が用意されている。また、商品の使い方やアウトドアの楽しみ方を教える教室も開いている。

こうした方法は、地元で小さな店を経営している人でもうまくいく。

ローラがジュリーに勧め、ジュリーがアンディに、アンディがカレンに……という具合にクチコミで評判になった歯科医院がある。夫婦で経営するシカゴのデラウェア・デンタル歯科医院は、医院というよりも「ラウンジ」と呼ぶのにふさわしい雰囲気づくりをした。建物はモダンでカラフルな色合い、院内に流すBGMもビートルズのインストゥルメンタルといったありがちなものはやめ、診療申込書に好きな音楽を書く欄を設けて患者の好みに合わせている。「通院が楽しみになる雰囲気」という、ほかの歯科医院にはない特徴をつくったことが、この歯科医院のトピックとなった。

ブライダルサロンは、どんな顧客体験を提供するべきだろうか。ブライダルサロンにやってくるのは、花嫁だけではない。花嫁の母、妹、親友、ブライズメイド（花嫁のそばに立つ付添人）など、連れだって来店する人たちもトーカー候補者である。その人たちの体験にも気を配らねばならない。たとえば快適に待っていられる場所を確保し、飲み物を出そう。暇つぶしになるものを用意するのも忘れずに。花嫁に付き合って来る人のほうが、花嫁よりも話題にする機会はずっと多いのだから。

会社そのものをトピックにする

企業のなかには、クチコミで話題になることを前提にして仕事をするところもある。こういう企業のトピックは言うまでもない、会社のすることすべてだ。

インターネット専門の保険会社プログレッシブ・インシュランスは、問い合わせのあった客に、ライバル社の保険料も教える。たとえ自分たちより安くてもだ。そんなことをされれば話題にしたくなる。同社は、クチコミで話題にされることを意識してそうした方針をとっている。他社の保険料を教えてもリスクにはならない。どうせ消費者は、何らかの形で他社もチェックする。これは、会社のあり方そのものをクチコミのトピックにしている好例だ。

ディスカウントストア大手、ベスト・バイのコンピュータ修理サービスも、話題にせずにはいられない。このサービスは「ギーク・スクアッド［訳注：コンピュータおたく集団の意］」という名称で、担当者もコンピュータおたくっぽい制服を着ている。修理に出向くときに使う車は、ボディに「Geek Squad」というロゴが入っていて、店舗の正面に停めている。買い物客に見せるためだ。このサービスには話題にしたくなるところが満載で、コンピュータの修理が必要ない人でも、つい話に出してしまう。そして、修理が必要になれば真っ先に思い出す。

クチコミで広めてもらう会社になるには、顧客を選ぶという選択肢もある。私の両親は、かつてスピード現像を売りにした写真店を営んでいた。だが通りすがりの客がほとんどで、宣伝もあまりしなかったため、店の存在すらなかなか覚えてもらえなかった。そこで両親は店を売却し、プロのカメラマンや広告会社専門の写真スタジオを開くことにした。プロの写真業界は狭い世界だから、業界内の知り合い同士で情報交換する。今度は成功だった。もう高い家賃を払って店を構える必要はない。適当なビルの四階の一室を借りるだけで十分だった。店の場所もクチコミで知れわたったのである。

ディメーターの香水は、決して普段使いに向いているとは言えない。同社の香りのラインナップは、ライ麦パン、トマト、粘土など。ロブスターやミミズの香りをまといたい人がはたしているだろうか？　だが、この珍しいラインナップのおかげで、競争の厳しい業界にあってもクチコミで話題となり、一流の化粧品売り場にも置かれるようになった。

最初からクチコミで広がることを想定してつくられたブランドは少ない。そうしようと思っても、なかなかできないからだ。クチコミで話題になる会社になりたいなら、会社の隅々にいたるまで、クチコミのことを意識しなければならない。難しいことだが、その努力はどんな会社にも必要なものだ。

ケーススタディ：イケアの場合

初めてイケアを訪れると、強烈な印象が残る。私が初めて訪れたのは大学生のときだった。ルームメートのジェームズが、「面白い店がある」と言い出したのだ。ちょうど安い家具が欲しかったこともあり、車を五〇キロほど走らせた。以来、過去二〇年で私がイケアのことを勧めた相手は何十人にもなる。おそらくは、イケアの売上げの数万ドル分は貢献しているだろう。

イケアへ行けば、家具を買うのがちっとも苦痛にならない。むしろ、ちょっとした探検気分になれる。ディズニーランドへ行くようなものだ。

イケアは、一度の来店で次の五つのクチコミトピックを味わえるようにしている。

①驚きを与える　「カメの形をした椅子（一五ドル）」など、イケアに行けば、思いもよらない面白い品が必ず見つかる。

②子ども連れに優しい　乳幼児を連れて家具を買いに行けば、普通なら大変な思いをする。だがイケアはそうではない。安い値段でオムツやベビーフードを販売しているほか、買い物の間子どもを預かってくれるサービスもある。Ｋマートではそんなことはありえない。

③美味しいレストランがある　私はスウェーデン風ミートボールを食べるためだけに、イケアに行くこともある。イケアのレストランはレベルが高い（そして安い）ので、ランチ目当てに訪れる人も多い。

④謎めいている　イケアの商品名は、すべてスウェーデン語である。どう読んでいいのか、どういう意味なのかわからない名前があまりにも多く、商品名を英語に「解読」したものを掲載するウェブサイトもあるくらいだ。「Jerker」「Skänka」「Skydd」……。どれが必要な家具かわかるだろうか？

⑤良質な商品　イケアで買えば必ず手に入るもの。それは、優れたデザインと安い価格だ。この二つを満たしてくれるイケアには、足を運ぶだけの価値がある。そして、友人にも自信をもって勧められる。

トピックを見つける

ここで残念な知らせがある。「宣伝コピーを上手につくる人ほど、クチコミで広がるトピックを見つけるのに苦労する」

なぜか？　コピーを口にする消費者はいないからだ。だが、コピーのつくり手として優秀な人ほど、コピーを考えようとしてしまう。プレスリリースやパンフレット、広告で映えるコピーは、クチコミのトピックとしては最悪である。これはルールとして覚えておいてほしい。

とはいえ、心配はいらない。柔軟な発想を心がけてちょっと練習すれば、コピーやスローガンではなく、消費者に口にしてもらえるトピックを見つけられるようになる。

さっそく、次ページのワークシートを使ってトピックをつくる練習をしよう。

最初の演習は、自分の商品を厳しい目で判定する練習になる。本当に話題になるだけの商品だと言えるだろうか？　誰か知り合いに話してくれる人はいるだろうか？　話題にしてもらうために、何かできることはないだろうか？

二つ目の演習は、消費者が口にしたくなるトピックを考え出す練習である。こちらは楽しみながらやってもらいたい。ビールやコーヒーを飲みながら考えるのがベストだ。

トピック作成ガイド		
あなたの商品は話題になるだけの価値があるだろうか？ 自信をもって「大丈夫！」と言えるよう、万全の計画を立てよう。 商品名：		
質問	計画時の考え方	計画
話題にしたくなる人はいる？	いいえ→今すぐ対策を考えよう！ たぶん→まだ不十分！ 大丈夫！→その根拠は？	
どんなふうに話題にされるか？	これがクチコミトピック	
誰に話したくなるか？	大勢の人に話題にしてもらうにはどうすればいいか考えよう	
もっと大勢の人に話してもらうにはどうすればいい？	複数の人に気軽に伝えられる方法を考えよう	

トピック作成ワークシート	
【スピード演習】ある商品に適したトーカーの属性をひとつ選び、そのトーカーに向けたトピックを思いつくだけ書き出してみよう。それを終えたら、対象となるタイプのトーカーすべてに対して考えてみよう。これは奇抜なアイデアを考え出す練習だ。自由な発想で書いてみよう！ トーカー： 商品名：	
	トピック
1	
2	
3	
4	
5	
6	
7	
8	
9	
10	
11	
12	
13	
14	
15	

第6章 メッセージを広めるツールを使いこなす

広まりやすくするには?

クチコミの力は大きい。だが、その力は永遠には続かない。クチコミが大きく広がるためには、あなたの手助けがいる。そうすればクチコミのパワーは格段に大きくなる。

あなたの会社のことを誰かが知り合いに話してくれれば嬉しいが、ネット上にレビューを投稿してくれたら、もっと大勢の人の目に触れる。会社から送ったクーポンを友人に渡してもらえれば嬉しいが、そのクーポンをメールで五〇人の知り合いに転送してくれれば、もっと反響は大きくなる。

トーカーを特定し、話題にしてもらいたいトピックを決めたら、次はできるだけ速く広範囲に伝えることを考える番だ。この章では、クチコミを広めやすくするツールをいくつか紹介しよう。

本書の冒頭で述べた、WOMマーケティングの定義を覚えているだろうか。ひとつは「話題にする理由を与えること」、そしてもうひとつは「話題にしやすくすること」だ。話題にしやすくするもの、それがツールだ。

玩具メーカーのレゴは、自社の組み立てブロックには大人のファンも多いという興味深い事実に気がついた。ただ、自分からレゴブロック好きを公言する人はあまりいない。そこで、愛好者が集って話せる掲示板を立ち上げた。

どうなったかはご想像のとおり。そう、猛烈な勢いでクチコミが広がりはじめたのだ。掲示板という「ツール」のおかげで、レゴが好きな大人が仲間を求めて集まり、そこにつながりが生まれた。今では、子どもに遊ばせるためではなく、自分の趣味のために買っていく人のほうが多い。

ツールに複雑な仕組みは必要ない。今はだいぶ減ってきたが、かつてホテルの客室には必ず絵ハガキが置かれていた。ホテルの宣伝の一環である。昔は旅先から自宅へ絵ハガキを送るのが一般的だったから、シンプルな方法ながら話題を促す格好のツールだった。たった一枚の絵ハガキでも、クチコミを広げる大きな助けになるのだ。

速い流れに乗せる

ツールで大切なのは、「スピード」と「伝えやすさ」だ。

流れの速い川に、トピックという一滴のオイルを垂らすと考えよう。オイルは、水面に触れた瞬間、速い流れに乗って広範囲に広がる。バイラルメールや人気ブログ、商品レビューサイトなどは、ぜひとも乗せたい「流れ」だ。いずれも、クチコミのスピードを加速させるツールだからだ。

たとえば、送信メールの下部に必ず最新のトピックを貼りつけるのはどうか。本文最後の署名を、広告掲載の場にするのだ。社員ひとりあたり一週間でだいたい五〇〜五〇〇通ほどメールを送信するとすれば、会社全体ではその何十倍、何百倍にもなる。しかも送付先は、取引先や顧客など、あなたの会社に何らかの興味を持っている人たちが大半だ。月に一度内容を変えるようにすれば、メールがトピックを広める強力なツールとなる。

スタートはインターネットから

クチコミを広げるうえで、最も効率的かつ効果的なツールは、言うまでもなくインターネット（オンライン）だ。クチコミの八割はオフラインで起こっているので、現実世界にいるトーカーを見つけ、彼らに広めてもらえるトピックをつくり、彼らの会話に入っていく努力を怠ってはならないが、メッセージを速く遠くまで伝えるとなると、インターネットに勝る力はない。オンラインをツールとして活用し、まずネット上でクチコミを発生させるのだ。そうすれば、現実世界にも広がっていく。

WOMマーケティングの三つの決まり

何か書くものを用意して、次の三つを書き留めてもらいたい。

本書の他のことをすべて無視しても、この三つだけは必ず実行すること。

①メッセージを広めてほしいとお願いする。
②伝えたいことはすべてメールに書く。
③会社のウェブサイトの全ページに、〈友達にすすめる〉ボタンを設定する。

どれもコストはいっさいかからず簡単にできる。それでいて、一人の声を大きなクチコミに変えるのに、これほど高い効果を発揮するものはない。

メッセージを広めてほしいとお願いする

お願いするだけでうまくいく、ということがある。

クチコミを発生させたいときに真っ先にできること、それはお願いすることだ。できるだけ頻繁に、あちこちでお願いするようにしよう。

お願いすることとトーカーを探すことは、必ずしもイコールではない。お願いは、話題を持ちだす引き金になってほしいから行う。とはいえ、協力をお願いしたことがきっかけとなって、そのままトーカーになるというケースはよくある。メッセージを広めてほしいとお願いすることは、トーカーとしての自覚を促し、関係者のような気持ちにさせる手段にもなるということを覚えておくとよい。

このお願いという行為は、マーケティング業界でいう「コール・トゥ・アクション（行動を促す行為）」にあたる。お願いするときは、相手に行動を促す何かを必ず付け加えよう。「○○してください」と具体的に頼めば期待に応えてくれるものだ。いくつか例を挙げよう。

- 〈友達にすすめる〉ボタン、〈転送する〉ボタンなどを、ウェブサイトのいたるところに設定する（実際にクリックされるかどうかは問題ではない。この言葉を見せるだけで、消費者の頭に焼きつけられる）。
- メールにも、「ご友人にもお伝えください」「お知り合いの方に転送してください」といった言葉を入れる。
- 接客の最後には、お礼の言葉とともに、「ご友人にもお勧めください」のひと言を添えるよう販売員を教育する。
- レシートにメッセージを入れる。
- 店舗の入口に、「お知り合いの方にもお勧めください」といった言葉を掲示する。

✤オンラインでの注文に確認メールを送るときに、知り合いに広めてほしい旨を添える。

私の会社は、年に一度大きなカンファレンスを開くが、開催日が近づくと、参加メンバー全員に、「クライアントや関係者に、メールでカンファレンスのことを広めてください」とお願いする。また、ブログやメールマガジンでの告知も併せてお願いする。さらにメールを送ってもらうときには、参加費が割引になる「シークレットコード」を添付してもらう。そうすれば送りやすくなる。ついでにコードにはちょっとした遊び心を加える。たとえば、XYZ社へ送るメールのシークレットコードを「weloveXYZ」にすれば、送る側も受け取る側も楽しめる。

ボランティアを募るときも、呼びかけが不可欠だ。みずから名乗りを挙げる人はそうはいないからだ。その点、非営利団体はボランティアの集め方がとてもうまく、クチコミを広げてほしいとトーカーにお願いすることを絶対に怠らない。

お願いは簡単にできることなのに、し忘れている企業が多すぎる。

伝えたいことはすべてメールに書く

伝えたいメッセージはメールに書こう。もう一度繰り返す。伝えたいメッセージはメールに書こう。いや、伝えたいメッセージにかぎらない。何でもメールに書いてしまおう。

メールは史上最強のクチコミツールだ。伝わる速さ、範囲の広さ、ともに文句なく最高である。それに、思ったことを自由に伝えられる。メールにトピックを含めれば、トピックは誰とでも共有できるものになる。

会社として取り組んでいることをメールに書くようにしよう。メールマガジンを発行すれば、大勢の人にトピックを送ることができる。会社のホームページに購読申し込みフォームを設けて、トーカーに登録してもらおう。

紙のクーポンは一人しか使えない。でもメールにクーポンを添付すれば、そのメールを転送することで大勢の人の手に渡る。何千という新規顧客の獲得も可能になる。

ただし、メールを最大限に活用したいなら、以下のことを必ず実践してほしい。

転送されることを考えて作成する　メールのデザインに凝りすぎて、転送したときにレイアウトが崩れたり、リンクが消えてしまったりするメールがとても多い。そんなことにならないよう、事前に実際に転送して確認しよう。

転送で受け取った人のための情報も入れる　転送されて受け取った人にも、よくわかる内容にしよう。「会社概要」や「このメールマガジンについて」などの項目を設け、あなたの会社や商品を初めて見た人にも興味を持ってもらえる内容にしよう。

新たなトーカーを獲得する　メールマガジンの購読手続きのリンクを必ず貼ること。転送されてメールを読む人が、わざわざ会社のサイトを探して購読手続きをするとは思えない。彼らの熱が冷めないうちに登録してもらおう。

受信者に、知り合いに広めてほしいと呼びかける　メール本文の一番上に、大きなフォントと太字で呼びかけよう。トーカーは、頼まれれば広めてくれる。〈友達にすすめる〉フォームへのリンクも忘れずに。

さらに、次の二つもお勧めだ。

面白い話題を載せる　メールの最後に、何か面白いものを載せよう。それが転送を促す大きな助けとなる。私が配信するメールマガジンには、最後に面白い話やぎょっとする話を必ず載せている。メールのメッセージとは何の関係もない。だが、この手の話を誰かに伝えたいと思う人は多く、それを見せたいがために転送してくれるので、必然的にマーケティングメッセージも一緒に送られる。

「転送しないでほしい」という言葉を入れる　これは必ずうまくいく。私が転送するメールはたいてい、「このメールを読んでくださる方だけへのお知らせです。転送はご遠慮ください」との断り書きで始まる。

〈友達にすすめる〉ボタンを設定する

ウェブサイトのすべてのページに、〈友達にすすめる〉フォームか、そのフォームへのリンクを表示しよう。

〈友達にすすめる〉〈このページをメールで送る〉などと記した小さなアイコンを、フォームへのリンクとして表示するだけでも十分だが、もう少し凝ったことをしたければ、入力フォームを各ページに設けてもよい。

ちょっと想像してほしい。あなたのウェブサイトへやってきた誰かが、商品を見ているうちに、知り合いに教えたい衝動に駆られているところを。みずからタダで宣伝しようとしてくれているのだから、伝えやすくしてあげなければ。宣伝するつもりはなく、購入前に誰かの意見を聞きたいだけかもしれないし、ただ気になっただけかもしれないが、クチコミの拡大につながるのなら、どんなことでもやるべきだ。

「誰かに勧めたい」という欲求が起こる瞬間は、魔法が起こる瞬間だ。クリックひとつで魔法がかけられるようにしておこう。

ウェブサイトの担当者に、「複雑すぎる」「コストがかかりすぎる」といった言い訳をさせてはならない。ここで挙げたことは、一時間もあれば設定できるし、一〇〇ドルもかからない（私はマスター・レコメンド・プロというツールを、www.willmaster.com からダウンロードして一〇年近く使っている。費用は四九ドル）。

〈友達にすすめる〉フォームを作成するときには、次のことを意識しよう。

入力事項は簡潔に　一五秒以内で入力できるように。備考欄もパスワードの設定も必要ない。勧めるのに不要なものはすべて取り除こう。

複数の人に勧めてほしいとお願いする　きっぱりとした態度で礼儀正しく、複数の人に勧めてほしいとお願いすれば、きっと大勢に広めてもらえる。送付先の記入欄をたくさん設ければ、そのぶん送りやすくなるだろう。

送信者は、会社ではなく「勧めてくれる人」に　メッセージを送るときは、会社のウェブサイトからではなく、勧めてくれる人のメールアドレスから届くように設定すること。会社からだと読まずに削除されるかもしれないが、友人からなら必ず読んでくれる。

勧めてくれる人がメッセージを書く欄を設ける　勧めてくれる人に、ひと言書いてもらおう。勧める人本人の言葉は大きな力になる。

受信者がさらに転送できる文章にする　〈友達にすすめる〉フォームを介して送るメールの中身をチェックしよう。一部の人にしかわからないような内容になっていないだろうか？　誰が読んでもメッセージが伝わる文章を心がけよう。

個人情報を守る　送信者、受信者双方の個人情報は、このメールの送受信以外の目的ではいっさい使用しないと、はっきり記すこと（もちろん、その約束を厳守すること）。個人情報漏《ろう》洩《えい》の不安がなくなれば、勧めてくれる数は激増する。

複数の人に伝えてもらう

トーカーが一人にしか話さないのは実にもったいない。一度に複数の人に伝えられる環境を整えよう。

〈友達にすすめる〉フォームは、複数のアドレスを入力できるようにする。パンフレットや無料サンプルなど、配布してもらいたいものは確実にトーカーに渡す。つねに、一人ではなく二人以上に勧めてほしいとお願いする。レビューを書いてもらいたい書籍や商品を送るなら、その人の同僚にもいきわたるだけの数を送る（そうすれば、みんなが手にするので社内で話題になる）。

セス・ゴーディンは、彼が編集した *The Big Moo*（『常識破りの組織に変える　33人の否常識』きこ書房）が刊行される直前、一冊二ドルという破格の値段で発売前バージョンを販売した。ただし、購入の最低ロットは五〇冊。彼は、「トーカーとなってくれる人に手渡してくれそうな人」に声をかけた。この発売前プロモーションで得た収益はすべてチャリティに寄付されたが、ゴーディンの知りうる最高のトーカー二〇〇名の手に一万部が渡った。

あなたも、ツールを使ってより多くの人に情報を広められないか、つねに考えよう。紙のクーポンを配るときは、友人の分もつけるとよい。パンフレットにして配るかわりに、ポスト・

イットにマーケティングメッセージを印刷するのもよい方法だ。枚数分だけメッセージを目にする人が生まれる。サンプルなら、一つではなく三つ配ろう。また、何かに招待するときは、「皆様お誘い合わせのうえ」のひと言を添えよう。

ケーススタディ：ポットベリーの場合

シカゴを拠点とするサンドイッチチェーンのポットベリー・サンドイッチ・ワークスは、新しい都市に参入するたびに、オフラインでのクチコミを誘発する素晴らしいプロモーションを行っている。

テキサス州オースティンに初出店したときは、シカゴからオースティンに引っ越してきた人の住所を入手して、マーケティング・マネージャ、リンジー・マーメルスティンの直筆署名入りの手紙を全員に送った。封筒の宛先も手書きである。その手紙にはこう記されていた。

お引っ越し、おめでとうございます！　オースティンでの生活にも慣れ、充実した日々をお過ごしのことと思います。とはいえ、少しホームシックになっておられるのではありませんか？　そんなあなたに嬉しいお知らせです。ポットベリー・サンドイッチ・ワークスが、オースティンにもオープンします。これでようやく、シカゴで話題のサンドイッチを、オースティンで知り合った方々に紹介することができますよ。サンドイッチ無料チケットを一〇枚同封いたしました。どうかこのチケットで、ご友人にもポットベリーの美味しさを教えてあげてくださいませ。

この手紙の素晴らしさは、サンドイッチの無料チケットを一〇枚同封したことにある。一枚なら、手紙を受け取った人が使って終わりだが、一〇枚あればポットベリーから無料チケットが送られてきた、と同僚をランチに誘う。顧客がトーカーに変わるのだ。それも、同僚にランチをごちそうする気前のいいトーカーに。

この一〇枚の無料チケットこそ、顧客を増殖させるツールの好例だ。一人で大勢にクチコミを広めることが可能になる。しかも、この手紙には、メーリングリストへの登録をお願いするくだりもあった。登録すれば、オープン初日のパーティへ招待されるという。トーカーを見つけたらそれで終わりではない。彼らとのコミュニケーションを図る手段を確保することも忘れてはならない。

一つ分の値段で二つ

「一つ分の値段で二つ」という宣伝は、昔からクチコミを広める手段として使われてきた。映画のペアチケットのように、自分以外にもう一人必要になるものにとくに効果を発揮する。しかも、その一人を探す過程でクチコミが広まるという嬉しいおまけもついてくる。

会員制倉庫型店舗のコストコには、会員の紹介で入会すると、初年度の年会費が無料になるという特典がある。これは、紹介した人が友人から感謝される素晴らしいアイデアだ。感謝されれば、また勧誘してくれる。

私の元に「ザ・ウィーク」誌から定期購読の申し込みハガキが送られてきたことがある。そのハガキで誰かと一緒に申し込めば、その人の分は無料になるという。以前から定期購読を考えていたのだが、このハガキで決意が固まった。知り合いにこの雑誌を紹介する理由にもなった。結局、社内の四人にこのキャンペーンのことを話し、そのうちの一人と一緒に申し込んだ。「ザ・ウィーク」は、キャンペーンハガキを送ることで話題を呼び、少なくとも、私を含む二人の新規購読者を獲得した。

ウェブページをバイラルに

会社のウェブページを徹底的に共有しやすくしよう。〈友達にすすめる〉フォームをつくる以外にも、できることはたくさんある。誰かに勧めたくなるようなページをデザインしよう。

動画共有サイトのユーチューブは、三〇ほどあったライバルサイトを負かし、世界最大の動画共有サイトへ成長した。いったいどうやって？　勝因は、知り合いにメールで勧めるようお願いするのが上手だったこと、そして勧める方法をごく簡単にしたことにあった。ユーチューブでは、動画を共有できる方法がいくつも用意されている。その一部を紹介しよう。

- 〈この動画を共有〉にある共有オプションリンクをクリックする。
- コピーペースト可能なHTMLコードを各自のウェブサイトに貼りつける。
- 提携している媒体なら、〈自動通知する〉をクリックするだけで、自動で自分のブログにリンクできる。
- 動画を見たあとに表示される〈Share〉をクリックし、共有方法を選択する。
- 〈この動画をユーチューブから送信する〉に必要事項を入力する（三秒もかからずに入力できる簡潔なフォームになっている）。
- 〈この動画をメールで送信〉をクリックする。一度送付すれば、そのアドレスが自動的に登録されるため、次からはアドレス入力は不要（この方法は効果絶大。たとえば、最初に母親、次に姉に動画を送ったあと、今度は父親に何か送ろうとしたとき、母と姉のアドレスが自動登録されているので、この二人にもついでに送ってしまう）。

商品にクチコミの要素を加える

商品そのものがクチコミのツールとならないかも考えよう。この典型的な例がホットメールだ。ホットメールのユーザー数は、一年半足らずでゼロから八〇〇万人に増えた（それからすぐに、マイクロソフトが四億ドルで同サービスを購入した)。その間、クチコミ以外のプロモーションはほとんど行われていない。なぜユーザーがこれほど増えたのか? ホットメールの本文スペース下部に、「ホットメールで無料のメールアドレスを取得しませんか?」というメッセージを表示したからだ。使えば必ずクチコミすることになるのだから、これこそまさにバイラルな商品だ。

ポラロイド写真は、撮ったらその場で相手に渡すものだった。それが今ではシールで出てくるようになった。おかげでバイクや車にも貼れるようになった。

どの商品にもできるわけではないが、似たことができないか考えてみよう。

ネットワーク効果を活用する

世の中にファックスが一台しかなかったら、何の役にも立たない。何人か持っていれば使えるが、持っている人が多いほど便利になる。それがネットワーク効果だ。電話やファックスをはじめ、電子メール、インスタントメッセンジャーなど、新しいコミュニケーションツールのほとんどが、ネットワーク効果の恩恵に与っている。そしてこのネットワーク効果が、クチコミの巨大な波を生み出すのだ。

スカイプはその典型だ。このインターネットを利用した通信サービスを使って電話をしたいなら、相手もスカイプに入っていなければならない。そこでスカイプのメリットを話して聞かせることになる。電話回線を使用する他のインターネット電話サービスでは、こうしたネットワーク効果は期待できない。

指定した相手との通話割引、グループディスカウントなど、知り合い同士で同じ商品を使うメリットを生む方法はないか考えてみよう。

クチコミを誘発するものを配る

話題にしたいと思うことがあっても、人はすぐに忘れてしまう。だからこそ、その気持ちを思い出させる何か、話題にしたいという動機を生む何か、話題にすることでよい気分になれる何かが必要になる。

話題にしたくなるもの、話題にしやすくするものを、消費者に配ろう。

オンラインで配る

消費者がコピーペーストできるものをネット上に充実させよう。誰かがあなたの会社や商品について投稿したいと思ったときに、あると役に立つものをすべて準備しておくのだ。最低でも次のものは用意したい。

✤ロゴ、バナー広告、アイコン。標準サイズで用意しておけば、トーカーの好きな場所に貼りつけられる。

✤文体や長さを変えた商品説明文を数種類。

✤転送メール用の本文メッセージ。


こうしたコンテンツやアイテムを充実させれば、クチコミの数はその分増える。人は、気に入ったものを見つけると知り合いに転送したがる。マーケティングメッセージを含んだ音楽、アニメーション、グリーティングカード、コピーペースト可能なコードなどをつくって、消費者のパソコンにダウンロードできるようにしよう。このように、パソコンにダウンロードして使えるウェブコンテンツのことを「ウィジェット（widget）」と呼ぶ。

トーカーに提供するものが多いほど、彼らが話題にしやすくなる。こちらから言葉や画像を与えれば、消費者が話題にする内容に、多少なりともこちらの意向が反映される点も見過ごせない。

新商品などを発表するときは、そのことを広めてほしいとお願いするメールを書こう。最初は商品の紹介と説明から始め、コピーペースト可能な画像や簡潔にまとめた説明文も添える。そして本文の最後に、そのまま転送できる文章を入れる。その文章にはトーカーの名前を個別に入れること。そうすれば、メール本文の上部を削除するだけで転送できる。

店舗で配る

来店してくれた顧客を、決して手ぶらで帰してはいけない。

レストランやバーなど、公共の場で自由に喫煙できた時代を思い返してほしい。どのレストランにも、店名の入ったマッチが必ず置かれていた。マッチを擦るたびに店のことを思い出してもらうためだ。禁煙が主流となった昨今、マッチのかわりになるものはないか？　出入口付近に置けて、顧客が気軽に持ち帰って使えるものを考えて、それに社名とトピックを刻もう。

買い物客には、荷物にならず、友人や家族、同僚に見せられるようなもの、たとえばペン、カレンダー、マグネットなど、無料で配って話題になるものを手渡そう。少なくとも、名刺サイズの店舗紹介カードやポケットに入る程度の大きさのパンフレットは、レジカウンターに置くように。

この種の配布物には二つの役割がある。ポケットや鞄から出てきたときに店の存在を思い出させること。そして、店について話をする理由を与えることだ。要は、話題のきっかけとなってもらうのだ。

もし高価なものや説明しづらい商品を扱っているなら、各商品の横に簡単な説明入りのパンフレットを置くといい。商品の仕様を載せたチラシを置いておけば、顧客が持ち帰って誰かに見せる可能性がある。パンフレットの類は顧客に購入を促すだけでなく、その商品のことを知らない人に説明するときにも役立つ。覚えておこう。

私がレストランを経営するなら、ランチを食べにきた人全員に、帰るときにお菓子を七つずつ渡す。一つは自分で食べるだろうが、残る六つは、「〇〇ってレストランでもらったんだけど」と言いながら、あげる相手を探すだろう。

店の存在を思い出して話題にしたくなる、そんなちょっとした何かを手渡すことができないか考えてみよう。

送付物に同梱する

カタログ販売、ネット販売は、顧客とじかに触れあえない。そういう顧客をトーカーにするにはどうすればいいだろう？

商品を送る箱に、クチコミツールも一緒に詰めてしまえばいいのだ。

顧客に荷物を発送するときこそ、クチコミをお願いする絶好のチャンス。余分な送料をかけることなく、たくさんのものを同梱できる。話題にしやすそうなものをどんどん詰め込もう。

少なくとも、当人以外の人も使えるクーポン、カタログやチラシ、サンプル商品を三つずつは同梱したい。顧客の手に販促ツールを渡すのだ。この機会を逃す手はない。欲しかった商品が届くのは嬉しいもの、顧客もきっと誰かに言いたいと思っているはずだ。

嬉しい驚きを与えられればなおよい。手書きでお礼のメッセージを添えれば感激してもらえる。また、商品を梱包する箱のデザインにも気を配るとよい。私がいつもラミネート材を購入する通販業者は、必ずM＆M's を同梱してくれる。どこにでも売っているお菓子だが、それだけで話題にするには十分だ。実際、私の会社に研修に来ている学生は、他社で研修を受けている友人にそのことを話したそうだ（私のチョコを盗み食いしてから）。

新規顧客向けのクチコミツール

新規顧客は最も熱心な（だが短期的な）トーカーとなる可能性がある――と第4章で述べたことを思い出してほしい。彼らをトーカーにするには、気持ちが冷めないうちにトーカーへと変えるためのツールが必要だ。

新規顧客には、専用のツールを用意しよう。それを買い物の興奮が冷めないうちに渡し、「誰かに話したい！」と思わせるのだ。先の「送付物に同梱する」で挙げたものを新規顧客にも送るとよい。お礼の手紙とクーポンを入れた封筒を店舗に常備しておいて、新規顧客に手渡そう。

デール・アンド・トーマス・ポップコーンで買い物をすると、知り合い一人にポップコーンのサンプルを無料で送ることができる。送られてくると知った相手は、さっそくこのポップコーンのことを話題にするだろう。スポーツジムチェーンのクランチの新規会員になると、ゲストパスがもらえるので、友人を連れて行ける。

利用者が限られている商品なら、その商品の購入時だけでなく購入後にも喜んでもらえる体験を提供するとよい。たとえば、トレーニング教材、ウェブサイトに貼れるロゴ、使い方ガイド、オリジナルゲームなど。興味を持ちそうな知り合いがいないか尋ねるのもいいだろう。もちろん、知り合いに勧めてほしいとお願いすることも忘れずに。買ったばかりの人は、自分の決断が正しかったと念押ししたいものなので、友人にも買わせようとする傾向がある。

気軽にタダで使えるもの

コピーペーストできる素材を提供してクチコミを広めるといえば、市場調査会社のイーマーケターの右に出るものはいないだろう。同社のメールマガジンとウェブサイトは、グラフやチャート図の宝庫だ。しかも、どの図も報告書やパワーポイントへ貼りつけるのにちょうどよい大きさになっている。また、図の引用元がイーマーケターだと必ず目に入るデザインにもなっている。

実に優れたクチコミツールだ。アメリカ中の会社幹部が、日々、会議やスピーチなどでイーマーケターを宣伝してくれるのだから、そのクチコミの量は膨大だ。同社は、毎週新しいトピック（コピーペーストできるグラフ）を提供する。タダで大勢の人が宣伝してくれる、これ以上の広告があるだろうか？

あなたも、多くの人が気軽にコピーペーストして使えるものを提供できないだろうか。

サンプルと種まき

当たり前すぎて大半の人が見落としている事実がある。人は、見たり触ったりしたことのないものについては話題にしないということだ（なかには話題にする人もいるが、そんな人の話を真面目に聞く人はいない）。だから、話題にしてもらうためには、トーカーの手に商品のサンプルを届けねばならない。

3Mがポスト・イット発売時に行ったクチコミキャンペーンは、今なお語り草となっている。発売当初、それはまったく売れなかった。無理もない。誰も見たことのない、使い方もわからない商品だったのだから。

そこで同社のCEOの秘書は、取引先へ文書を送るときにポスト・イットを使って見せるようにした。フォーチュン500企業のCEOの秘書にはサンプル商品を送った。ポスト・イットが使われるようになったのはそれからのこと。以後、使う人はどんどん増えて今にいたる。ポスト・イットは、誰かへのメモや目印に使われることが多いから、使った人以外の人の目にも触れやすい。つまり、クチコミされやすい特徴を備えた商品なのだ。

無料サンプルの配布は、今に始まったことではない。昔からよく用いられるマーケティング手法のひとつだ。とはいえ、クチコミを広めるために無料サンプルを配る場合は、別の意味が生じる。WOMマーケティングの一環として無料サンプルを配るとき、その目的はトーカー候補者の手にサンプルを届けることにある。潜在顧客ではなく、話題にしてくれそうな人の手に届けることが主目的となるのだ。これを「種まき」と呼ぶ。会話の種を植えつける、それがWOMマーケティングにおける無料サンプルの役割である。

トーカー候補者の住所がわかるなら、サンプルを郵送しよう。また、話好きな顧客が来店したときのために、店舗にも無料サンプルを常備しておこう。コカ・コーラは、コーク・ゼロの発売に合わせて、全社員の自宅に無料サンプル用として一ケースずつ送った。かなりの量だが、それだけ会話のなかで話題にされる機会が増える。

無料サンプルを活用するためには、トーカーが集まる場所を把握する必要もある。たとえば、コンサートやスポーツの試合には、興味を同じくする人が大勢集まる。野球の試合ならその数は何万人にもなる。数十人規模のイベントなどでも、とてつもなく影響力の強いトーカーばかりが集まる場合がある。

展示会は、トーカーとしての自覚を持つ人がたくさん集まるので、試供品の配布にはもってこいだ。展示会のテーマとサンプル品が合っていなくてもかまわない。来場者の手にサンプルを手渡せば、持ち帰って友人との会話で話題にしてくれる。

鎮痛剤のタイレノールは、スケートボード大会を主催している。スケボーの大会参加者には社交的なタイプが多く、互いに知り合い同士であることも少なくない。それに、この競技は必ず鎮痛剤のお世話になる。ただし、宣伝に対しては強い抵抗感を持つ人が多いのも事実なので、あからさまに協力を求めたら反発される恐れが高い。

このあたりを同社はしっかり心得ていて、大会の支援はするが、宣伝の看板やロゴはいっさい出さない。大会に鎮痛剤を提供し、あとは自然にクチコミが生まれるのを待つだけだ。それが効を奏し、この大会に参加する若者は、タイレノールのトーカーとなっている。彼らは誰が大会資金を出してくれているのかよくわかっている。そのことへの感謝の気持ちが、クチコミとなって広まっているのだ。

ロゴ入りグッズの力

無料で配る帽子、シャツ、バッグ、おもちゃ……。社名やブランド名の入ったグッズの力を侮ってはいけない。

世間は広いので、「おでこに広告を貼らせてやる」という人もいるかもしれないが、そう簡単には出会えない。だが、社名の入った帽子やシャツを身につけることに抵抗のない人なら大勢いる。

気に入っているブランドのものであれば、支持を表明するために、そのロゴが入った衣服を身につける。そういう意図はないが身につける人もいる。私は一年間ずっと、ペイパルからもらったリュックを使っていた。非常に使い勝手のいいリュックだったからだ。私はめったにペイパルを利用しないのに、どこかで講演するときは、何百人もの聴衆に〈PayPal〉のロゴを見せていた。

ロゴの入ったものは、誰かが身につけたり持ち歩いたりした時点で、クチコミを生み出すツールとなる。自分から話題にすることもあれば、何のロゴなのか尋ねられることもある。身につけていれば、広告ではなく「私はこれが気に入っている」という自己表現として受け止められるので、メッセージに信頼も生まれる。

ロゴ入りグッズはたくさんばらまこう。

話題の引き金

話題のきっかけとなる何かをつくろう。トーカーは、自分から話題を持ちだすことはあまりないが、ほかの誰かがあなたの会社のことを話題にすれば、よさについて話しだす。それなら、話題のきっかけとなる何かをあなたが提供すればよい。

人が「何だろう?」と尋ねたくなるちょっとした何かがあれば、それで十分きっかけになる。たとえば、顧客への感謝状を額装して贈り、それをどこかに飾ってもらえば、目にした人から「あれは何?」と尋ねられる。

私はこの一〇年、誰かから名刺をもらうたびに、その裏に私の会社のロゴを貼り、ラミネート加工してネームタグにしたうえで、その相手に贈っている。このネームタグをスーツケースやブリーフケースに付けている人は、五〇〇〇人はくだらないだろう。タグを付けた人同士が会えば、私の会社のことを話題にしてくれる。かなりの数のクチコミだ。

アソシエーション・フォーラムという組織は、新規会員を募集するさいに首振り人形をつくり、それを会員宅へ送った。面白いおもちゃに喜び、勤め先のデスクに飾った会員も多かった。人形に目をとめて、「どこで手に入れたのか」と同僚から尋ねられれば、組織の話になる。こうして新規会員の数を大幅に増やした。

広告を再活用する

広告は優秀なクチコミトピックだが、テレビCMを知り合いに送ることはできない。メディアでしばらく露出させたら、それのクチコミ向けバージョンをつくろう。その広告が印刷物なら、PDF化してウェブサイトにアップする。テレビCMならユーチューブに投稿する。ラジオCMなら、ブログに音声ファイルをアップすればいい。

メディアにお金を払って広告を打ったあとは、ファンに無料で広めてもらうのだ。

ブログの有効活用法

WOMマーケティングにブログは重要だ。ブログは会話の幅を広げ、会話のスピードを上げる。長期にわたって続けないと意味がないが、それは決して難しいことではない。やるだけの価値は十分にある。

ただし、ここではブログの始め方は説明しない。それについての本がたくさん出ているので、そちらを読んでほしい。ここでは、ブログからどうやってクチコミが生まれるかを見ていく。

いつでもどこでも読める

ブログは、リンクや共有でつながりを生むためのものである、と言っても過言ではない。ブログにトピックを記せば、それでもうクチコミの準備は整う。どのブログにも必ず、リンクの仕方、メールの送り方の説明がある。また、誰がリンクを貼ったか、誰からメールが来たかがブログの当事者に通知される。

ひとつのブログ記事が別のブログで取り上げられ、ブログの訪問者はリンクをたどってあちこちのブログを移動する。ブログに投稿された瞬間、それはバイラルなメッセージになる。しかも、ブログ記事は検索エンジンで上位に表示されやすい。

ブログから新たなトピックが生まれる

売り手には、消費者に伝えたい、消費者と共有したいメッセージがたくさんある。だが、プレスリリースを毎日発行するわけにはいかない。

その役目を果たしてくれるのがブログである。新しいアイデアや情報をいつでも書き込める。そもそもブログは、少量のデータを頻繁に更新するものとしてデザインされているので、自分専用のニュース配信システムを持っているのも同然だ。新しいトピックなどをトーカーに伝えるのにブログは最適。投稿したものは、すべて新たな話題の材料となってくれる。

会話の場としての役割

トーカーには、話し相手が必要だ。その点、ブログはトーカーが会話を交わす場となってくれる。ここには、さまざまな人が、話をしたいときに気軽に訪れる。似たような話題をしているブログとリンクすることもできる。ブログは、会話をクチコミへと変える場なのだ。

ブログに寄せられるコメントのすべてが、自分の意見を表明したいというトーカーの言葉だ。トーカーに語る機会を与え、その意見をほかの読者と共有することのできるツール、それがブログである。

ブログは信頼を生む

ブロガーは、ほかのブロガーに敬意を払う。とはいえ、ブログを始めればすぐに注目されると思ったら大間違いである。パーティに途中から現れて話題の中心になろうとするようなものだ。話題にしてもらうには、それなりのことをしなければならない。

まずは今すぐブログを始めて、読者との信頼関係を築いていこう。存在を知ってもらい、会話の輪に入っていくのが先決だ。一ブロガーとして他のブログとの接触を図れば、ブログコミュニティの一員として扱ってもらえる。宣伝のためなら手段を選ばない野暮なマーケターだと思われずにすむはずだ。

オンラインコミュニティとソーシャルメディア

掲示板、フォーラム、ソーシャルネットワークといったインターネット上に存在するコミュニティでは、つねに商品の話題が出て会話が広がっている。そして繰り広げられた会話は、すべてネット上に永遠に残る。WOMマーケティングでは、オンラインコミュニティやソーシャルメディアとの関わり方も非常に重要である。

扱っている商品分野が何であれ、必ず誰かがつくったオンラインコミュニティがあるはずだ。そこでは、テーマを絞って活発なやりとりが行われている。あなたの会社や商品のことが話題の中心になる可能性もある。

あるとき、写真立てが買いたくてネットで探していたら、同様の商品を売るサイトが十数軒見つかった。だが、そのうちの一軒だけに、カメラマンが集まる掲示板で「配送の対応がよい」というレビューがいくつもついていた。それを見て私はこの店で買うことにした。会ったこともない人の意見だが、私は誠実な意見だと信じた。従来のマーケティングに従事する人は、そうした場での意見を無視しがちだが、消費者は私と同じような判断をしている。それが現実だ。

自分のコミュニティをつくる

自社商品のファンのためのコミュニティやフォーラムは、つくろうと思えば数分でできる。よそのサイトでつくろうが自社サイトでつくろうが、それはどちらでもかまわない。トーカーの参加しやすさを最優先に考えればよい。

フォーラムをつくるための無料ウェブソフトを使えば、タダで自社サイトにフォーラムを立ち上げられる。マイスペースやフェイスブックなど、人気の高いSNSにグループをつくってもいいし、ヤフーグループやニングなど、グループ専用のサイトを利用してもよい。

こうしてコミュニティをつくれば、さまざまなトーカーが、あちこちからやってくる。トーカーが集まれば、そのコミュニティはクチコミアーカイブとなり、どんどんクチコミがたまっていく。

レゴとインテュイットがこのような活動を行っていることは、すでに紹介したとおりだが、もっと小規模な会社でも、同じようにオンラインコミュニティの恩恵に与れる。ミュージックトイズ・コムというギター好きのためのウェブショップは、個人で運営しているため広告を出す余裕はない。だが、エレキギターのよさを宣伝するのに最適なのは、広告ではなくオンラインフォーラムだ。最後に私がサイトを訪れた時点で、登録ユーザー数は四〇〇〇人。そのときにフォーラムに参加していたのは六五名。フォーラムには二五万を超える投稿があった。同ショップの宣伝とも言えるこのフォーラムでのやりとりは、すべてネット上に残る。そして、検索エンジンを使ってギターを買おうとする買い物客を、サイトに呼び込んでくれる。

ソーシャルサイトをクチコミツールに変える

ＳＮＳやブログなどのソーシャルサイトは、伝わる範囲を広げてくれる点で強力なクチコミツールとなりうる。そうしたサイトで話題になるようにすれば、大ヒットも夢ではない。それには自分から関わっていく必要があるが、当然、モラルに則した行動が求められる。第１章で述べた「誠実さのＲＯＩ」は決して忘れてはならない。

ソーシャルサイトはクチコミの宝庫だが、だからといって新しいソーシャルサイトをつくらねばならないわけではない。話題のサイトになろうと、たくさんのソーシャルサイトがしのぎを削っている。あなたはどのソーシャルサイトが世間に広く認知され、自分の顧客にも利用されているかをうかがっていればいい。そして顧客が集まるサイトに自分から飛び込んでいくのだ。

プロフィールとページを作成する

どのソーシャルサイトに参加する場合も、アカウントを開設して自分のページとIDを取得することになる。そのIDを使って会話に参加したり話題を投げかけたりする。あなたも、顧客が参加していそうなサイトに自分のアカウントを開設しよう。ページを設けたら、興味のあるグループを見つけて参加したり、友人をつくったりできるようになる。アカウントを開設すれば、それ自体が会話のきっかけとなる。

サイトによって参加者の顔ぶれもやりとりの形も異なるし、クチコミが伝わる層も違う。サイトの特徴を知り、それに合わせて活動するのが肝心だ。熱意あふれる若手社員にはもってこいの仕事になるだろう。

リンクされやすいページにする

ソーシャルサイトには、自動的にリンクしてくれるものが多い。自分のページをつくった瞬間から、リンク対象となる。とくに、「タグ」(ウェブページの中身を表すために使用する特殊な文字列)の使い方はぜひともマスターしておきたい。タグを埋め込むと、関連する話題が起こっている場にページがつながる。ここではタグについての詳述は避けるが、使いこなせばクチコミが拡大するチャンスをタダで手に入れられることは確かだ。

トーカーにリンクをお願いする

オンライン掲示板やSNSに参加しているトーカーは大勢いる。あなたの会社や商品も、そういう場ですでに話題にされていると思って間違いない。アカウントを開設したからといって、むこうが気づいてくれるのをじっと待っていてはいけない。オンラインコミュニティでの任務は、知り合いの数を増やすことにある。みずからトーカーを探し求め、自分の存在をアピールし、「友人」になってほしい、グループに参加してほしいとお願いしよう。私の会社では、フェイスブックにWOMマーケティングのグループをつくったところ、二週間で一〇〇〇人近くがメンバーになってくれた。

特別感、秘密の共有、先行提供

「特別な存在」という意識は、ちょっと興味がある程度だった人を熱烈なファンに変える。「これは〝自分の〟商品だ」と思わせることができれば、その気持ちが「この商品について話したい」になるのだ。スターの追っかけがいい例だ。彼らは、自分がそのスターになったつもりで話題を提供する。さあ、トーカーになったときに得られる特別感や楽しみを提供しよう。

かつてペプシコーラは、「ペプシ・チャレンジ」と銘打って、一般消費者を対象にブランド名を隠してコカ・コーラとペプシコーラの飲み比べを行った。コカ・コーラ愛飲家の多くがペプシを選ぶという結果になり、ペプシ愛飲家は歓喜したが、このキャンペーンでは、ペプシ好きもコカ・コーラ好きも、みんながペプシのことを話題した。

特別感を与える

人は誰しも、心の底では特別な存在でありたいと願っている。この感情は、話題を生み出す有力な動機となる。たとえば、製造元の関係者に知り合いがいるとか、製造元からある種のステイタスを与えられているという人のほうが、商品のことを話題にする傾向が強い。トーカークラブ（第4章参照）が機能するのも、特別な存在でありたいという感情があるからだ。アンバサダー、VIP、クラブ会員といった名称には、「自分は特別」だと意識させる響きがある。商品のことを誰かに勧めるたびに、自分のステイタスを強く感じることができるのだ。

ステイタスは呼称に限ったことではない。グーグルは、Gメールサービスの提供を、クチコミのみで行った。正確に言えば、クチコミを広めたのではない。「Gメールのアカウントを入手できるのは友人から招待された人のみ」とすることで、Gメールの利用自体を特権だと思わせたのだ。まず、友人からGメールへの招待が届く（この時点で特別感がある！）。登録すれば、あなたも友人を招待する立場になる（重要な存在だ！）。Gメールは、開始から二年以上、友人の招待なしではサービスに加入することができなかった。特別感を与えるというトピックを伝えるのに、これほど素晴らしいやり方はない。

秘密の共有

人は秘密を共有するのが大好きだ。この性質をクチコミに生かさない手はない。

トーカーに面と向かってトピックを発表するのではなく、隠すような素振りをしてみよう。そうして、トピックの内容をむこうから探らせるのだ。秘密を探る楽しみと発見の喜びを味わえば、誰かに話したくなる。割引などの特典を秘密にしておけば、それを見つけた人は知り合い全員に言いふらしたくなるだろう。

レストランなら、一部の料理をメニューに載せないという方法がある。新規客が来店したら、秘密のメニューの存在をさりげなくウエイターに言わせる。その顧客はきっと秘密のメニューのことを誰かに言わずにはいられないだろう。また、常連客がいつでも予約できるように、お得意様専用の電話番号を設けているレストランもある。

小売店なら、特定のサービスをこっそり提供することができる。ラッピング、限定のフレーバー、配送サービスなど、尋ねた人だけが得られるサービスをつくって、「あの店には実はこんなサービスがある」とクチコミで広めてもらうのだ。

ゲームソフトやＤＶＤには、シークレットコードを手に入れないと特定の画面が表示されない、というように、ずいぶん前からこの手法が取り入れられている。中身がわからないことから、「イースター・エッグ」と呼ばれる手法だ。どこでシークレットコードを手に入れられるかといった話題で掲示板が盛り上がり、ソフトのことが長く話題になる。

ひと足先に見せる

映画評論家になって、プレミア試写会に招待されたらどんなにいいだろう。気になる映画はいち早く観たい。なぜか？　まだ観ていない友人に話して優越感を味わいたいからだ。

映画の試写会と同じで、ひと足先に新商品を見せる機会は、クチコミの有力なツールとなる。ほかの人よりも先に見たいという欲求は、見たものをすぐに話したいという欲求に直結するからだ。

トーカーは「会社の先発チーム」だと考えて、開発中の商品のさわりでいいから、トーカーに情報を与えよう。彼らは必ず話題にしてくれるから、発売前から需要が高まることが期待できる。また、新商品が完成したらいち早くトーカーに見せる。トーカーが「通」に見えるような内部情報も渡す。渡す手段はできるだけシンプルなほうがよい。先行情報や開発の進捗情報を送るメーリングリストを作成しよう。

小売業者なら、一般発売に先んじて、トーカーだけに新商品を販売する機会を設けるとよい。レストランなら、新メニューや新しいシェフの料理の試食会を開こう。カーディーラーなら、新型車入荷の公表はトーカーだけを集めた試乗会を開いてからにする。ソフトウェアメーカーなら、関係する掲示板に積極的に書き込んでいる人に、試作段階のソフトを送る。業界誌だけでなく何百というブロガーにも新機種を送るという携帯電話会社がある。かつては新機種は極秘事項扱いで、設計情報を漏洩すれば製造元から訴えられた。だが今や、情報の「漏洩」はクチコミの誘発剤となっている。新商品の試作品があるならトーカーに送ろう。

商品開発に参加させる

試作品を見れば、誰かに話さずにはいられないのが普通だ。トーカーに試作品を見せれば、その商品の成功を誓うチームの一員に引き入れることになる。

グーグルは、複数の新製品を同時に開発しているが、それらはすべてグーグル・ラボで試せる（www.googlelabs.com）。ここでは誰もが試せて、欲しい機能が提案できて、性能や機能について議論できる。発売前から一般消費者を関与させれば、さまざまなタイプの人に商品の存在を知ってもらえ、関わってもらえる。そして発売後は彼らからクチコミが広がる。

ソフトウェア業界では、ベータテスト（発売直前版をユーザーに提供し、機能や性能を評価してもらうテスト）が大規模なクチコミプログラムと化している。そもそもの目的は、一般ユーザーに商品の欠陥を見つけてもらうためだが、その規模が拡大するにつれ、クチコミも重要視されるようになった。ウインドウズ２００７とマイクロソフト・オフィス２００７のベータテストに携わったユーザーは何百万人にものぼる。テストした人は「関係者」となり、その商品の成功を心から願うようになる。開発途中で少しでも携わった商品のことは悪く言わないものなのだ。

称賛とカスタマーレビュー

クチコミは、しがらみや損得勘定抜きで推奨する行為である。だからこそ信頼性があり、影響力を持つ。しかも消費者は、「自分と同じような人」の意見に耳を傾ける。

消費者から、推薦、称賛、感謝の言葉が送られてくるのはとてもありがたいが、そのままでは、世間に知られることはない。感謝の手紙やメールというトピックをもらっても、それをまだ見ぬ顧客に知らせるには、ツールが必要だ。

好意的な意見をクチコミツールとして活用する

称賛は、積極的に活用すれば大きな効果を発揮する。せっかくもらった好意的な意見を、机の引き出しにしまっておいてはいけない。クチコミを広めるためのツールにしよう。その手順はいたってシンプルだ。

①推薦してほしいとお願いする　商品を気に入っている顧客であれば、喜んで推薦してく

れる。ただし、ちょっとした後押しは必要だ。顧客に対し、「簡単な推薦文を寄せてもらえませんか？」とお願いしよう。お願いは健全な行為である。また、ウェブサイトに誰でも意見や感想を送ることができる送信フォームをつくっておこう。思ったことを自由に書けるようにするといい。ただし、「何でもいいからとにかく書いてほしい」とは絶対に言ってはいけない。先に述べた「意見を述べるうえでの誠実さ」のルールを守ること。

②公開の許可を得る　顧客からもらった感謝の言葉を宣伝に使うときは、必ず本人の許可を得ること。勝手に紹介すると、その後本人から発言を否定されたり、意見を翻《ひるがえ》されたりすることもある。そうなっては元も子もない。許可を得るときは必ず書面でもらう。相手の名前、意見を公表する許可が明記された記録を残しておくこと。

記録といっても、承諾の旨が明記された手紙やメールで十分だ。ウェブサイトの送信フォームのところに、使用許可のチェックボックスを設けるのが手っ取り早い。好意的な意見や感想がメールで送られてきた場合は、返信して使用許可を求めればよい。私はよくこんな文面を返信する。「嬉しいお言葉ありがとうございます。いただいたお言葉を、弊社の広告素材に引用させてもらってもよろしいでしょうか？」

③ウェブサイトに掲載する　褒め言葉や推薦の言葉は、すべて公開しよう。誰もが目にできるところに掲載してこそ意味がある！

④褒めてくれているサイトのリンクを貼る　自社サイトに好意的な意見を集めたページを

つくったら、よそのサイトで褒められていないか探してみよう。あなたの会社や商品のことを褒めているブログがきっと見つかるはずだ。見つけたものはすべて、リンクを貼ろう。リンクを公開していれば、基本的には許可を得なくても問題はないはずだ。

カスタマーレビューサイトにはたらきかける

商品のレビュー内容は、当然よいものであってほしい。その数は多いほどいい。

消費者が商品に関するレビューでチェックするのは二つ。ひとつは、よいレビューがついているか。もうひとつはレビューの数だ。

数には大きな力がある。レビューの数にその商品が話題にされるだけの価値があるかどうかが表れる。よいレビューであれ、悪いレビューであれ、両方であれ、商品に何らかのレビューがついていれば、はたらきかけることができる。誰にもレビューされていなければ、消費者に相手にされていない証拠である。レビューがひとつもないと知ったら、買い物客は別の商品を求めるだろう。

場合によっては、「レビューを投稿してほしい」と呼びかける必要もある。イーベイなどが行っているように、購入過程でレビューの投稿をお願いする仕組みを確立するといい。また、顧客へ商品を送付するときに、レビューをお願いするメモも同梱しよう。注文の受領確認のメールを送るときは、その商品のレビューが載っているサイトのリンクも貼ろう。

そして、これだけは忘れないでほしい。絶対に、関係者にウソのレビューを投稿させないこと。つねに誠実であることを心がけよう。

「物言わぬクチコミ」を見つける

売れ筋ランキング、これは物言わぬクチコミである。

ランキングを見ると、その商品を買った人が勧めてくれているような気持ちになる。勧めるつもりがなくても、何千もの購入者の声が集まれば、それだけで強力な意見となる。

アマゾンの「この商品を買った人はこんな商品も買っています」と表示されるリストも、まるでその商品を買った人から勧められているような気になる。iTunesでも、ほかの人がダウンロードした曲のリストを見ることができる。私は個人的に、新聞社のウェブサイトが掲載する「最もメールで転送された記事」のランキングを見るのが好きだ。ランキングやリストは、消費者が勧めたいものは何なのかを具体的に教えてくれる。

リストを見ている顧客に、「その商品を買われた方は何人もいますよ」と言えば、物言わぬクチコミに息吹を吹き込むことになる。店舗内の売れ筋ランキングをサイトにアップすれば、買い物客の目には利用者からのお勧め品リストに映り、ランキングを参考にして商品を選ぼうという気持ちになる。

あなたも売れ筋ランキングをウェブサイトにアップしよう。買い物サイトには、「人気商品ランキング」と「この商品を買った人はこんな商品も買っていますリスト」の両方を掲載しているところが多い。実店舗なら、「話題の商品」や「人気商品」と記した看板や黒板を置こう。リストはあまり複雑にしないほうがいい。書店やCDショップなら、「スタッフお勧め」の棚を設けて、店員のお勧めを伝えよう。それとは別に、売れ筋ランキングの棚も置くとよい。

企業相手（B2B）のクチコミ

私の講演では、終了後真っ先にあがる質問は決まっている。「今お話しされたことは、B2Bマーケティングにも使えますか？」

答えは「イエス」だ。企業相手のマーケティングは、消費者相手のマーケティングと何も変わらない。なぜか？　WOMマーケティングの対象は商品ではなく「人」だからだ。B2C商品でも、B2B商品でも、人が話題にする動機の起こり方に違いはない。

トーカーも違えばトピックも違う。使うツールも違う。でも、それらを獲得するプロセス――話題にしてくれる人を特定し、彼らに話題にする何かを与え、会話しやすい環境を整える――は基本的に同じである。五つのTをきちんと押さえれば、大きな成果を上げることができるだろう。

ただ、次のように若干の相違点はある。

❖Ｂ２Ｂのクチコミプログラムのほうが、組織だったものになる場合が多い（顧客紹介プログラムを作成する、既存顧客と新規顧客の引き合わせに専念するチームを結成するなど）。

❖顧客が企業の場合、消費者よりクチコミに協力的である（パートナーになるなど密接な関係を築くことが多いため）。

❖既存の取引先と見込み客との引き合わせに、販売担当者が大きく関わってくる。

企業相手のＷＯＭマーケティングは、昔から行われている

企業相手のマーケティング担当者は、すでにＷＯＭマーケティングを行っているはずである。ただ、販売戦略やクチコミ以外のマーケティング戦略の陰に隠れているだけだ。たとえば次のようなことは、ＷＯＭマーケティング活動の一環である。

❖推薦のお願い
❖新規顧客の紹介のお願い
❖ケーススタディの使用
❖報告書の提出
❖取引先を集めた会合の主催

既存顧客に自社について誰かに話してもらうことを目的とした活動は、すべてWOMマーケティングの活動である。これまでマーケティング活動と意識していなかったならば、それらをすべてWOMマーケティングの一プログラムとして統合したほうが、よりよい結果が導き出せるだろう。

取引先も、昔からクチコミで広めてくれている

企業相手のマーケティングをするうえで、絶対に忘れてはいけないことがある。それは、どの企業も、主な人はみな顔見知りというような小さなコミュニティに属しているということだ。展示会や会議などの場で取引先が数社集まれば、必ずあなたの会社の話題が出る。それに、取引先は絶えずあなたの会社を他社と比べている。

クチコミは、大きな成功を収めるうえで昔から欠かせないものだった。一〇万ドルの取引をするさいに、クチコミの評判を確認しない企業はない。

B2Bマーケティングに最適なテクニック

企業相手のマーケティング活動で最適なものは、WOMマーケティングと同じくどれも比較的単純でコストもあまりかからない。これまでやってきた活動を振り返りながら、自分にこう

問いかけてみてほしい。「もっと話題にしやすくするために、自分にできることはないだろうか？」。ここでは、企業相手のマーケティングに適したテクニックを五つ紹介しよう。

①報告書や調査レポートを配る　役に立つ記事やデータを手に入れたいと思っている人は多い。それらを手に入れたら、知り合いや同僚にコピーを配ったり、メールで転送したりする。報告書の類を発行するときは、誰もが簡単に入手できるようにしておくこと。いちいち申請フォームに入力しないとダウンロードできない、ということのないように。そんなことをしたら手にする人が限られてしまう（報告書を共有するとなると、販売担当者から苦情が出るかもしれないが、共有すればクチコミが広がる確率が上がる）。できれば、ＰＤＦではなくワード文書でアップしよう。そのほうがブログやメールマガジンに簡単にコピーペーストできて、人目に触れる機会が増える。

②推薦を募る　推薦は顧客全員にお願いしよう。九〇パーセントからは好意的な推薦文がもらえるはずだ（残りの一〇パーセントは、社内規定で特定の企業を推薦しないとしている企業）。推薦の言葉をもらったら、ホームページや販促用の印刷物すべてに掲載するとよい。

コーヒーカップ・ソフトウェアのウェブサイトには、一〇〇名の顧客の氏名とともに、その顧客に直接質問できるフォームが用意されている（同社は質問内容を見ることができない）。こうすることで、顧客の推薦が生の声となるばかりか、同社と顧客の信頼関係の深さ、顧客の同社に対する愛を表している。

③メールマガジンを配信する　メールマガジンは、購読を希望した人にだけ送る点で特殊な広告形態だが、その一方、転送可能な最強のクチコミツールでもある。トーカーの属性ごとにメールマガジンを発行し、ウェブサイトに購読申し込みフォームを設けよう。たとえ登録者が数名しかいなくても、その全員が、新商品のことを話題にしたいと思ってくれているトーカーだ。

④既存客に新規顧客を紹介してもらう　既存客が知り合いに声をかけたくなるには何ができるか検討し、正式なプロジェクトを発足させよう。既存客からの推薦の言葉、インタビュー映像、ケーススタディをウェブサイトにアップする。ブログで既存客のことを話題にする。特別な存在だと既存客に思わせられれば成功だ。会社にとって重要な存在だとアピールするほど、顧客は話題にしてくれる。

⑤直接会う　どんな方法でもいいので、あなたの会社のファンやユーザー、得意客が勢ぞろいする機会を設けよう。ファン同士が集い、あなたの会社の人間と話す機会が多いほど、勧めたい気持ちが高まり、話題にしてもらえる。ユーザー向けのイベントや年次総会などのような改まった形式である必要はない（もちろん、改まった形式でもよい）。三カ月に一度、バーベキューパーティを開いてみてはどうだろう。または、出張のたびに、その地の顧客を二〇名ほど夕食に招待してもいい。それを全社員で行うようにすれば、年間に一〇〇〇人の顧客と会

うことになり、一〇〇〇人の好意的なトーカーが生まれる。

カンファレンスと展示会

企業相手のマーケティングを担当すると、カンファレンスや展示会に嫌というほど出席することになる。たいていは、スピーチをして、パネルディスカッションに加わる。だが、それらをクチコミを広めるチャンスととらえている人は少ない。

スピーチをするなら、必ず何かを覚えて帰ってもらうこと。準備万端でスピーチに臨み、聴衆に感心してもらえても、それだけではクチコミのトピックもツールも渡せていない。

スピーチのときは、必ず何か配ろう（販促物は厳禁）。私の場合は、栞《しおり》、ワークシート、スマイルマークのボタンなどを配る。これらは会場に置き去りにされない。持ち帰って会社の同僚に見せるからだ。

何か驚きを与えられればなおよい。私がスピーチをするときは、聴衆に配るためのお菓子を持参する。チョコレートの袋を会場で回して文句を言われたことは一度もない。

展示会に出展するなら、ありきたりのブースでは不十分だ。風変わりなことをやり、パンフレットに凝っても、まだ足りない。その程度ならライバル社もみなやっている。

まずは、こう自問してほしい。「どうすれば、誰かに話したいと思ってもらえるだろう？　別の場所にいる友人をこのブースに連れてきたいと思ってもらうには何ができるだろう？」。展示会ブースに出展する場合、その場で契約を成立させることに重点が置かれるが、そうではなく、「どうすれば話題にしたくなるか」に重点を置くのだ。

それから、「この展示を見た人は、会社に戻って何と言うだろうか？」と考えてみてほしい。来場者は、パンフレットやグッズを山ほど手渡される。だがブースでの会話は曖昧《あいまい》な記憶しか残らない。ブースでの売り込みよりも、彼らが会場をあとにしてから話題にしてもらうためにできることを考えよう。グッズは、手渡すのではなく、のちほど郵送すると申し出ればいい（そうすれば、展示会の一週間後あたりに、落ち着いた状態で会話を持てる）。あるいは、展示ブースに有名人を呼び、来場者と一緒に写真を撮らせてもいい。その写真をグリーティングカード仕様にしてウェブサイトにアップすれば、知り合いに転送する人が出てさらに広まるはずだ。

第7章 うまく会話に加わるコツ

会話に加わるのは「義務」である

クチコミは会話の一種である。誰かから何かを言われ、それに答える。答えなければ、それ以上会話は続かない。会話に加わり、会話を活気づけること、それがあなたの仕事だ。

会話に加わるのは非常に簡単。やらない人はどうかしている。会話に参加する意思があれば、部署は関係ない。社内で希望者を募って会話に参加させよう。誰かの意見に耳を傾けるのでも、話題にされている場を見つけてコメントを書くのでもいい。やりとりを傍観するだけでもいい。

しかし、会話に加わるという考えは、従来のマーケティングに慣れていると（とくに、集計表の数字が大好きな人なら）、そう簡単には受け入れられないだろう。

マーケティングは、基本的に外に向けて発信するものだ。アイデアを考え、それを世間に示し、誰かがやってくるのを待つ。マーケティングと名のつく部署の大半が、顧客の意見を受け入れる態勢にも、顧客と話をする態勢にもなっていない。それらを受け持つのはカスタマーサービス部門である。この部署の担当者は、一日中顧客と会話をし、満足してもらおうと努めている。だが、彼らが何かを売り込むことはまずない。それどころか、できるだけ早く電話を切らせようとする。クチコミで話題になりたいなら、マーケティングとカスタマーサービス部門の連携が不可欠だ。

クチコミを広めたいなら、マーケティングと同等にカスタマーサービスにも気を配ること。

よい評判が欲しいなら、会話に参加することだ。誰からどんな話題をふられてもいいように、心構えをして参加しよう。

広報経験のある管理職は、この手のことへの参加を快く思わない。状況を思いどおりにコントロールできないからだ。彼らは、何かを吹き込むのでも、教えるのでもなく、起こっている会話をキャッチして、その輪に加わることを学ぶ必要がある。他人の意見を管理しようとする時代はもう終わった。これからは会話に加わり、自分の言葉で彼らの意見に影響を与えることが求められる。会話にうまく加わるところを見せて、尊敬（賛同とは違う）を集められるかどうかにかかっているのだ。

世間で起こっている会話を無視すると、大きなリスクを二つ背負うことになる。ひとつは、話題が消えてしまうかもしれないというリスク。もうひとつは、悪い評判が広まる恐れがあるというリスクだ。今日の社会では、顧客の話題を無視すると悪い評判が立つ可能性が非常に高い。顧客から、「顧客のことを考えていない」「高飛車だ」と思われたら、そのリスクはさらに高まる。

これに対して、顧客の会話の輪に入って話題を盛り上げれば、よい評判が広がる。何千人というトーカーと商品について熱く語り合うのは貴重な財産にもなる。会話をしたトーカーたちは、新たな顧客をたくさん呼び込んでくれる。

何も迷うことはない。今すぐ会話に加わろう！

話の輪に加わる方法

消費者は、売り手にも会話に加わってほしいと思っている。ただし、会社の代表としてではなく、一消費者として。そう思っているからこそ、自分の意見をウェブページという公の場に書き、コメントを求めるのだ。彼らは、売り手の意見を知りたがっている。

会話を見つける

すでに述べたように、主な取扱い商品に関する記述がないか、ウェブを毎朝チェックする担当者を決めよう。カスタマーサービス部門の業務の一環にすればいい。ブランド名、商品名、幹部の氏名など、検索対象の言葉をリストアップしよう。

まずは通常の検索で、ウェブサイトや掲示板への投稿がないか探す。それから検索対象をブログに絞った検索エンジンで検索する。グーグルのブログ検索やテクノラティなどを利用すれば、関連記事が表示される。検索サイトにキーワードを登録しておけば、投稿のたびに知らせてくれるサービスなどもある。

現実世界で会話に加わろうと思ったら、つねに気を配っていないといけないが、話題にされている会話の場に立ち会うチャンスはそうはないのでどうしても受け身になってしまう。でもこれからは、いつでも会話に参加できるよう、つねに心の準備をしておこう。顧客から会社に電話がかかってくることを想定し、自社や自社商品のことが話題になっている場はないか、つねに目を光らせていよう。

返信と反応

返信する機会があれば必ず返信し、話題にされている場に出くわしたら、必ず何らかの反応を示すこと。そして、顧客が直接意見を言えるようにすること。

とにかく会話に参加することだ。参加しないという選択肢はない。会社や商品の評判に言いたいことがあるなら、参加するしかないのだ。

話題に沿った内容を礼儀正しく述べるかぎり、売り手の意見や提案は歓迎されるはずだ。ブロガーは意見を求めている。もし誰の意見も聞きたくないなら、日記でも書いてベッドの下に隠しているだろう。

会話への加わり方にもいろいろあるが、ここでは私にとって好ましいと思えるやり方をいくつか紹介しておこう。

よいことを言ってくれた人には礼を述べる　ブログや掲示板で褒められているコメントを見つけたら、書いた人にお礼の言葉を送ろう。感謝の気持ちを述べれば相手も書いてよかったと思ってくれるはずだ。ちょっとしたひと言がクチコミに及ぼす影響は案外大きい。

そのちょっとした言葉によって得るものはたくさんある。①お礼を言った相手がもっと積極的なトーカーになってくれる。②コメントを読んだ読者が「よい商品（会社）」という印象を持ち、そのことを誰かに話す。③コメントを書くときに自社サイトのアドレスを入れれば、サイトへの訪問者が増える。④そして何と言っても、あなた自身、そしてあなたの扱う商品に対して温かい気持ちが生まれ、今後もよいことを言ってくれる。

指摘された問題を解決して喜んでもらう　商品のことで困っている人、不満を抱えている人がいないか探そう。もし見つけたら素直に謝罪する。そして問題を解決する道を探す。少なくとも、解決に向けて協力させてほしいと申し出ること。

公の場で不満を言うのは、売り手に気づいてもらいたいからだ。あなたが誠実な対応を見せれば、コメントを書いた本人はもとより、コメントを目にした誰もが驚くだろう。不満を抱える顧客にきちんとした対応を見せる企業はとても少ないからだ。顧客の問題と真摯に向き合い、解決するために努力する姿を見せれば、あっというまにその評判がクチコミで広がるだろう。

不平や不満を見つけたら、こんなコメントを入れるといい。「こんにちは、ＸＹＺ社の○○と申します。ブログ／メッセージ／サイトで、○○が直らなくて困っていると拝見しました。一度、○○を試してみてください。修理をご希望でしたら、私から担当者に連絡を入れますので、メールをいただければ幸いです」

そうすれば当事者は満足し、コメントを目にした人全員があなたのことを話題にしはじめるだろう。もちろん、こうしたサービスは、オフラインでも実践すべきであることは言うまでもない。

会話の輪に加わる　一番いい会話への加わり方は、おそらくブログや掲示板の常連となって、積極的に発言することだ。自分が扱う商品は、毎日どこかで話題になっている。商品を気にかけ興味を持ってくれている人たちがいるところに、その商品の関係者が現れて会話に加われば、喜ばれないはずがない。

私の父は、タイヤックという商品を販売している。カヤックを岸につなぐためのケーブルだ（カヤックを岸につなぐのは想像以上に大変である）。小さな会社なので、広告を出すだけの予算はないが、父には秘密兵器がある。カヤックに関する豊富な知識だ。

カヤックに関する掲示板は、主なものだけでも二〇はある。父はよくトピックを投稿したり、有益なアドバイスを書き込んだり、挨拶の言葉を入れたりするのだが、そのとき必ず自分のユーザーネームにタイヤックのウェブサイトへのリンクを貼る。宣伝文句や商品の説明を書くまでもない。それだけで父がどんな仕事をしているのかわかってもらえる。掲示板で見せる豊かな知識のおかげで、父はほかの投稿者から尊敬を集めるようになった。それがひいてはタイヤックのクチコミが広がるきっかけとなったのである。

ケーススタディ：レヴェンジャーの場合

レヴェンジャーはペンやノートなどの文具用品メーカーである。ハイセンスな品を扱っているので大勢のトーカーがあちこちで話題にしている。

同社のライアン・ラスムセンは、自社について話題にしている人がいないか、ネットをチェックするのを日課とし、質問があれば答え、商品の使い方を詳しく解説する。使い方を示した動画をユーチューブにアップすることもある。

彼はまた、万年筆やシステム手帳について話題にしている人も探す。こういうものを話題にする人に、レヴェンジャーの商品は好まれているからだ。話題にしている人を見つけると、コメントを書き込んだり、役に立つサイトのリンクを紹介したりする。ときには無料サンプルも提供する。

そのかいあって、同社のことを話題にする人は後を絶たない。注目してくれたことに敬意を払う意味もあるだろうが、わざわざコメントを書いてくれたことが嬉しくてたまらないのだ。今やレヴェンジャーに関する掲示板やウェブページは何千にものぼる。

何よりも素晴らしいのは、ライアンの本職がメイシーズデパートシカゴ店の売り場マネジャーだという点だ。彼はマーケターでも広報担当者でもない。大学の専攻は美術だった。だが、クチコミを広めるうえで一番大切なものを持っている。商品に対する情熱とその気持ちを分かち合いたいという欲求だ。

あなたの会社にも、こういう人物がいるのではないか。ライアンのようなことを喜んでやってくれる社員が、きっといるはずだ。

会話に加わるのに適した人

会話の輪に加わるのにふさわしいのはどんな人か？　どんなタイプでもＯＫだ！

ブログや掲示板への参加が好きな人、会話に加わりたいという熱意のある人、そうする時間がある人を探そう。役職や職務内容にとらわれることはない。これは若いスタッフに適した仕事だ。彼らにスターとなるチャンスを与えよう。私の知り合いにも、ネットでのクチコミ対策を一任され、その成果が認められて昇進した若き幹部がたくさんいる。

カスタマーサービス担当者のネット接続を制限しているなら、今すぐ解除しよう。そしてネット上で商品に関するトラブルが話題になっていないかを彼らに探してもらうのだ。マーケティングアシスタントには、ブログや掲示板での商品に関するクチコミをチェックさせよう。そう、全社員が一丸となって、よいクチコミを広めるチャンスをつかむのだ。

スポーツジムなら、トレーナー全員に、ジムのことをブログに書き、顧客にどんなアドバイスをすればいいか提案してほしいと呼びかけるといい。トレーナーとライフスタイルや興味が似通っている人は、よいトーカーとなってくれるだろう。世のトレーナーのかなりの人が、おそらくすでにブログを始めているはずだ。

あなたの社内でも、半数以上の人が、マイスペースやフェイスブックで定期的に自分のページを更新しているのではないだろうか。プライベートで毎日のようにブログを書いている人は、身近に大勢いる。

好感を持たれるのは誰？

ブログを書くのにふさわしい人は、広報担当者でもマーケティング担当者でもない。会社に愛着があり、商品のことを心から愛する人。それが最高のブロガーである。週末も会社の制服を着ているような社員が適任だ。

強制はいけない。あくまでも、よい評判を維持したい、よいクチコミが生まれるのはブログからだと信じる人が、自発的にすべきである。志願した人なら誰でもいいが、絶対に義務にしてはいけない。

世間一般のブロガーは、内情に通じている人からの、正直で忌憚のない意見に興味を持つ。信頼されるブログにするためには、「本音」を綴ること。率直な思いを熱のこもった言葉で綴るのだ。ブログは会社で働く人の素の姿を映すものである。「仕事用の顔」で書いてはいけない。マーケティング用語をやたら使いたがる人や弁護士は、ブログに関わらせないほうが賢明だ。それ以外の人で、正直な思いを普段の言葉づかいで伝えることができるなら、誰が書いてもかまわない。

案外リスクは高くない

自社についてブログに書くうえで、起こりうる最悪の事態とは何だろう？　不適切なことを書くこと？　間抜けなミスを犯すこと？　会社の秘密をばらすこと？

今挙げたリスクは、どれもブログを始める前からあるものだ。社員の前には電話があり、誰もがメールアドレスを持っている。ネット上の会話に加わったからといって、新たなリスクは生じない。たんに会話の場所が変わるだけである。何か間違いを犯してしまったときは、記事を削除して謝罪し、そのまま続ければよい。

ネット上の交通ルール

従来型マーケティングのマネージャや弁護士は、ネット上で行われる自由なコミュニケーションに居心地の悪さを感じがちだ。自分でメッセージをつくり、それを消費者に信じ込ませることに、まだ未練があるらしい。「正式なマーケティングプランもないまま、部下を自由にネット上で消費者と対話させるのはつらい」というマネージャもいる。

だがそんなことではいけない。社員が会話に参加することを奨励しよう。まずは、会話に参加するさいの指針とルールづくりからだ。会話に加わりたいという社員全員に、ガイダンスと研修を行おう。ネットという「道路」でのルールやマナーをきちんと教え込むのはもちろん、禁止行為に及ばないよう、予防策もしっかり講じること。

それさえやっておけば、あとは各自に任せればよい。

マイクロソフトにできるのだから、ほかの会社にできないはずがない。以前のマイクロソフトは、従来型のマーケティングどおりのことだけをし、徹底した秘密主義を貫く企業だった。それがすっかり様変わりし、何千もの社員にブログの開設を奨励するようになった。会社による監督も管理もない。もちろん世界中から寄せられるコメントもいっさい検閲せずそのまま掲載する。その結果、同社の評判は驚くほど向上した。消費者の信頼も厚くなり、それを裏づけるクチコミもよく聞かれるようになった。社員が正直な思いをブログに綴ることで、消費者の目に「社員に信頼を置く会社」と映るようになったのだ。

ブログ開始前の計画づくり

次ページのワークシートを使って、会話へ加わるまでのプロセスを考えてみてほしい。追いかけたい会話の内容を特定し、その会話を追跡する担当者、コメントの投稿とフォローの責任者などを順に決めていこう。

ネット上のマナー

誠実さとモラルの大切さについては何度も触れてきたが、「会話に加わる」というプロセスでは、この点がとくに重要になる。礼儀正しく常識をもって行動すれば、問題はない。マナー

会話への参加と追跡　チェックシート			
	場所／サイト／追跡ツール	担当者	結果
リアルタイム追跡	（例）グーグルアラート	（例）スティーブ（カスタマーサービス課）	
ブログ			
コミュニティ／フォーラム			
SNS			
その他のサイト			
レビュー			

違反かどうか迷うことは、やらないほうが賢明だ。やったところでよい結果が生まれることはない(たいていは悪い結果が生まれる)。

売り込みは禁物

会話に加わっても、絶対に売り込みをしてはいけない。掲示板やブログのコメント欄で売り込むのは恥知らずな行為である。それではスパムを送るのと何も変わらない。嫌悪感を抱かれるうえ、会社の顔をつぶすことにもなる。

会話に参加する目的は、話題を長く続けてもらうことにある。商品を売り込むことではない。あくまでも、トピックとなる話題の提供に専念すべきだ。

ルールに従う

街の露天市に参加するときでもネット上で掲示板に参加するときでも、守らねばならないルールがある。それは、つねに「自分は他人の縄張りにやってきたよそ者だ」という意識で臨むということ。どこを訪れようと、このルールは必ず守ってほしい。

あちこちに宣伝文をまき散らしてはいけない。無関係なコメントを投稿してはいけない。自分の商品を強引に勧めてはいけない。普通の一消費者として振る舞い、その場を尊重しよう。細かすぎる？ そんなことはない。庭師が集まる掲示板に、芝刈り機の営業マンが突然やってきて、自社製品の素晴らしさや競合品との違いを滔々《とうとう》と語っている場面を想像してほしい。おそらく彼は、その掲示板に出入り禁止になるだろう。そこまでいかなくても、ほかの投稿者から非難されるのは間違いない。少なくとも、その会社に対する好意的なクチコミは決して広がらない。

この場合は、芝を扱うときの注意事項を話題にする、どの芝刈り機にするか迷っている人にアドバイスを与える、といった行動をとるべきだ。そうすれば、彼が来てくれてよかったと思ってもらえる。専門知識を共有し、客観的なアドバイスを提供してくれたことに、みな感謝するだろう。そして、会話を通じて彼が勤める店を突き止めようとむこうから探ってくれる。よいクチコミとは、そうやって生まれるのだ。

自分の立場を明らかにする

立場や氏名を偽って会話に参加することほど、人をがっかりさせるものはない。一消費者として振る舞えばバレないと高をくくっているなら、今すぐ考えを改めてもらいたい。前にも指摘したように、そんな手段で世間を騙そうとしても、恥をかく結果に終わるだけだ。

話題が起こっている場に何か書き込むときは、必ず自分が誰なのか明らかにすること。氏名を公表するだけでは不十分、勤務先も明らかにして、話題に加わることで仕事上得るものがある立場であると明確にしよう。

書き込みは、必ず以下のように始めると決めておくと便利だ。「○○社に勤める者ですが、これは私の個人的な意見です」。こう書けば、シンプルながらもどんな立場にあるのか瞬時にわかってもらえる。それに、会社を代表する意見ではないと断っているので、そこでの発言を会社の意向と受け取られる心配もない。

立場をごまかす必要はない。会社の関係者だと知れれば、信頼が増すことはあっても、その逆はない。誠実さについても同様である。

トラブル回避チェックリスト

ネット上の会話に誠実な態度で参加するために、次のチェックリストを活用しよう。あなた以外の社員やエージェントが会話に加わる場合にも、このリストに準じた態度をとるよう指導しよう。このチェックリストの項目は、ソーシャル・メディア・ビジネス・カウンシル（旧ブログ・カウンシル）のサイトから抜粋した。ソーシャル・メディア・ビジネス・カウンシルとは、ブランドがソーシャルメディアとうまく付き合っていくことを目的としたコミュニティで、デルやコカ・コーラなど数多くの世界的ブランドがメンバーとなっている。

✤会社を代表してブログにコメントを書く場合、ブロガーとコンタクトをとる場合、または会社に関係するトピックに対してコメントを書く場合のチェックリスト

□氏名・勤務先をはじめ、自分と会社との関係を最初から公表します。
□クライアントの代理としてコミュニケーションを図るときは、クライアントと自分の関係を公表します。
□自分の連絡先を公開します。
□ブロガーと個人的にやりとりをしたら、そのやりとりの内容を公開してほしいとお願いします。
□つねに誠実な態度をとります。自分に有利なコメントを書いてほしいと誰かに頼むことは絶対にしません。
□会社や商品を称賛するコメントを強要したり、報酬を払って書かせたりはしません。
□会話の流れを無視した宣伝は行いません。
□訪問先のウェブサイトのルールに反した行為は絶対にしません。
□大量にコメントを投稿できるサービスやソフトを使いません。
□個人情報の公開に関する法令を遵守します。

✤個人ブログを書くにあたってのチェックリスト

□会社や会社の商品に関することを自身のブログに書いたり、他人のブログにコメントしたりするときは、自分と会社の関係を明らかにします（ただし、仕事に関係のない話題であれば、会社との関係を明らかにする必要はない)。

□自分個人の意見と会社としての意見を、きちんと区別して投稿／コメントします。

□氏名を公表せずにブログを始める場合は、会社に関係する事柄をいっさい記事に書きません。会社に関係する記事を書くときは、必ず自分と会社との関係を明らかにします。

人を満足させる力

今から非常に大切なことを述べるので、蛍光マーカーを用意してもらいたい。まずは、人が話題にするときの重要な経験則から披露しよう。

不満を抱える顧客は、不満を五人に話す。
抱えていた不満が解消し、満足した顧客は、そのことを一〇人に話す。

つまり、不満に思っている人を満足させれば、最初から満足していた人の一〇倍も話題にしてもらえるということだ。これはおそらく、対応の悪いカスタマーサービスが多いという悲しい現実を物語っているのだろう。だからこそ、丁寧な対応を受けた顧客は感激し、そのことをみんなに言いふらす。不満の解消には、クチコミを広める絶好のチャンスが潜んでいる!

問題を解決すれば、このうえなく大きな宣伝になる。

自分の困っていることが重大事として扱われたとわかると、それまで非難していた人はたちまち強力なトーカーに変わる。そして「こんな素晴らしい会社はない」と広めてくれる。

顧客を満足させるためには、社員にある程度の自由を与えることも大切だ。

この点で有名なのはリッツ・カールトンだ。同ホテルでは、顧客を満足させるためなら、どんな従業員でも二〇〇〇ドルまで自由に使うことが認められている。顧客の要求を瞬時に満たせばリピート宿泊につながり、他に類を見ないサービスを提供すればクチコミにつながることを、リッツはよくわかっているからだ。無料の宣伝や顧客獲得につながること以上に、予算やスタッフの時間の有効な使い方があるだろうか？

ドメイン登録サービスのゴーダディ・コム社長、ボブ・パーソンズが、「スーパーボウルのCM枠を二四〇〇万ドルで購入することに決めた」とブログで発表したとき、マーケティングの専門家ジョン・ムーアは、「愚かな行為だ」との見解を自身のブログで示した。すると二四時間もたたないうちに、ネット上にムーアの意見に対する反応が数多く寄せられた。そのほとんどは、ゴーダディの決断に反対するものだった。

パーソンズは、そうしたネット上の盛り上がりを無視せず、翌日、それに答える文章を書いた。ゴーダディを心配してくれた人に感謝の意を述べ、広告を出すと決めた理由を説明したのだ。出資者はパーソンズただ一人。スーパーボウルに広告を出しても商品開発費は削られない。そして、たとえ愚かだとしても、会社を興したときから、スーパーボウルに広告を出すのが夢だった、と彼は語った。その後も数カ月にわたり、この件に対する意見やコメントにきちんと返答しつづけた。

パーソンズの誠実な対応は、人々の心に響いた。最初の返答をしてからも何百というコメントが寄せられたが、そのほとんどは彼に好意的なものだった。

このやりとりから私たちは、真摯に受け答えをしたことで、最初は公然と非難していた人々がゴーダディ支援を宣言するまでに変わっていくさまを目の当たりにできる。

会話には加わらねばならない。

ケーススタディ：デルの場合

二〇〇五年、デルはブロガーとして有名なジェフ・ジャーヴィスから、カスタマーサービスの対応の悪さを批判された。そのときのジャーヴィスの口調は比較的穏やかだった。だがデルは何の反応も示さなかった。

すると彼の記事を読んだブロガーが、次々に同じような記事をアップしはじめ、デルを批判するコメントが雪だるま式にふくれあがっていった。だが、ことの重大さがわかっていなかったのか、デルの広報はまったくといっていいほど何も手を打たなかった。批判記事を書いたブロガーたちは、何らかの対応を見せるよう主張した。

ようやくデルが対応を始めたのは、すっかり信頼を失ってからだった。今でも何千という批判記事が、そこら中に残っている。デルの対応は遅すぎた。その結果、批判記事が永遠にウェブ上に残るという代償を払うはめになった。一連のやりとりでかなりの数の顧客も失われただろう。

消費者の意見に耳を貸さない企業として公然と名指しで責められたのは、デルが初めてと言ってもいい。だがそのおかげで、同社は会話への加わり方、トーカーとの付き合い方をいち早く模索し、再び信頼を取り戻すまでになった。デルは現在、次のような取り組みを実施している。

✤誰でも自由に書き込むことができる企業ブログを、英語、スペイン語、中国語、日本語、ノルウェー語で運営している。なぜノルウェー語まであるのか？　優秀な社員の一人が、ぜひにと志願したからだ。

✤「コミュニティ・アンバサダー」と呼ばれる三五名のチームを編成して、ブログのやりとりや情報の共有、問題解決にあたっている。彼らは顧客と直接話し、顧客のケアと新規顧客の獲得に努めている。顧客のトラブルを未然に防ぐほか、トラブルが起きても素早く対応できるので、元は十分とれている。

✤コミュニティズ・アンド・カンバセーションズ部門のバイスプレジデント、ボブ・ピアソンが、最高のカスタマーサービスの提供と維持に全精力を注いでいる〔訳注：現在は退職〕。

✤全社員が顧客といつでも会話ができるよう心がけている。フェイスブック、セカンド・ライフ、ツイッターなど、顧客が使いそうなソーシャルサイトに登録し、デルのユーザーがいるコミュニティに積極的に参加している。

✤誰でも提案や意見を書けるサイト（「アイデアストーム」）を開設し、そこに書き込まれたアイデアで気に入ったものがあれば投票できるようにしている。これまで一万近くの案が提出され、六五万人以上が投票に参加した。デルを支援する顧客の愛情の深さがうかがえる。

デルは、ウェブサイトを立ち上げて、カスタマーサービスに以前より少し時間をかけて多くの顧客の意見に耳を傾けようとしただけだ。これなら誰にでもできるだろう。

批判に対処する

いずれ、あなたの会社や商品のことを悪く言う人が出てくるだろう。いや、すでに言われていると思ったほうがいい。

悪く言われているのを見つけたらどうするか？　何もせずに放っておくのは最悪だ。悪い評判はひとりでに消えてはくれない。ずっと話題になり、噂はどんどん広がり、事態は悪化するだけだ。

ＷＯＭマーケティングに経営陣が反対する一番の理由は「悪いことを言われたらどうするんだ？」という懸念があるからだろう。気の小さいマーケターや弁護士が、「ＷＯＭマーケティングを始めたら、悪いクチコミを生むことになるのでは？」と発言するのをよく耳にする。

悪いクチコミが流れるのを恐れて会話に加わらないのは、気分が悪いから医者に行かないようなものだ。消費者の会話に加わったからといって、悪いクチコミを生むことはない。むしろ、悪いクチコミに対処する手段となる。

悪いクチコミをなくしたければ、ＷＯＭマーケティングの力を借りねばならない。対策の大半は、よいクチコミを得るためにすべきことと同じである。すなわち消費者の声に耳を傾け、会話の輪に加わり、知り合いを増やすのだ。

悪いクチコミは、実は大きなチャンスでもある。思い出してほしい。よいクチコミの大半は、批判的な態度からファンへ変わった人が生み出すということを。消費者の不満を解決することこそ、いつも話題にしてくれる熱心なファンをつくりだす最良の道なのだ。

完璧は求めるな

一〇〇パーセントよいクチコミだけ、ということはありえないし、そうなる必要もない。批判する人がたくさんいても、正当な評価とそうでないものとがある。すべての不満を解消することはできないし、文句を言う人がいなくなることもない。それに、なかには理に適った指摘もある。

悪いクチコミがあっても、よいことを言う人が多数を占めていれば問題ない。結局は、総合的に見てどちらが多いかが大事なのだ。よいクチコミの割合を増やすためには、悪いクチコミにできるだけ対処し、「応援したい」と思ってもらえるようにする必要があるが、すべての不満を解決しようとは思わないほうがいい（解決できないものが必ずある）。また、すべての批判に応じる必要もない（そんなことは不可能だ）。ちょっとした悪口を目にするたびに、びくびくすることはない（たいした問題ではない）。はっきり言って、ネット上に存在するコメントがすべて好意的なものだったら、かえって疑わしい。誰も信じないだろう。

消費者の抱える不満を解決する姿勢を見せることさえできれば、それでいいのだ。ここで重要なのは、「正しい」か「悪い」かではなく、反応を示すということだ。

四つの防止策

①日頃から信頼を築く　商品のことを非難しているブログをいくつか見つけたとしよう。広報担当者がブログに丁寧なコメントを投稿する。それでも批判は収まらない……。なぜか？　自分の言い分を投稿しにきただけの、自分勝手で恥知らずな広報担当者だとしか思われないからだ。

そのブログの運営者や常連の読者にとって、広報担当者は見ず知らずの人でしかない。長年そのブログを愛読している読者が、ブログの書き手よりも広報の言い分を信じるわけがない。つまり、悪いクチコミにうまく対応したいなら、コミュニティで知られた存在になる必要があるのだ。定期的にブログや掲示板にコメントを書き込み、名前を覚えてもらい、顔なじみにならなければならない。それができれば、批判ではなく、商品に関する質問や提案が増えていくだろう。言い分に耳を貸してくれる、批判から守ってくれる仲間ができるはずだ。

②自分のテリトリーに誘導する　消費者が不満を訴えるときは、その内容よりも、どこで訴えているかのほうが重要である場合が多い。たいていの企業は、自社サイトに悪いことを書かれないか心配する。だがそれは逆だ。悪いことを言われるなら、自社のウェブサイトやブロ

グ、掲示板で言われるほうがずっといい。なぜか？

✤そこには支持者がいる。批判的な投稿がいくつかあったところで、満足している顧客の声がそれを打ち消してくれる。

✤何百というサイトに広がったコメントを追いかけるよりも、自社サイトに書かれたほうが対応が楽。

✤不満のコメントに対し、商品を擁護するコメントがすぐそばにつくので、解決しやすい（あるブログで商品を批判する記事が載り、それを受けて別のブログで同調する内容が載った場合は対応が複雑になる）。

✤企業のサイトで不満を受け付けなければ、他のサイトに不満が書き込まれる可能性が高い。そのリスクを避けるためにも、自社サイトで書き込みを受け付けるほうがよい。

③ファンに対処してもらう　批判への対処を、ファンにお願いするとうまくいくことがある。本書に書かれているとおりに行動すれば、あなたのトーカーは協力を惜しまないはずだ。トーカーに連絡し、どこそこのサイトで悪く言われているので助けてほしいとお願いしよう。彼らが対応してくれる。いや、すでにそのサイトを見つけて対処してくれているかもしれない（ただし協力を求めるときは、批判者を「攻撃」してほしいというお願いだと誤解されないこ

と）。そのうち、頼まなくてもトーカーがみずから対応するようになるだろう。ファンが擁護してくれるほうが、社員が対応するよりも会社に対する評価は高まる。

④タイミングを外さない　オンラインでの会話は進み方が速い。反応を示すなら同日中にすべきだ。数人のチャット状態で話題にされたら、もう口出しのしようがない。翌日になって参加しても、もう違う話題になっている。手を打つ機会を逃したのだ。何週間も前の不満を見つけても、今さら何を言ったところで満足してもらえないだろう。

批判への対処の仕方

批判のコメントを見つけたら、基本的には必ず対応すること。だがいくつかの例外はある。

- 普段から訪れる人がほとんどいないブログや掲示板は下手にコメントを入れると、かえって注目を集めかねない。
- どう見ても理不尽なコメント、不作法な物言い、常軌を逸した意見などは、書いたほうに問題があると、誰が読んでもわかる。
- さまざまな企業や商品を次々非難する輩は、わざと相手を怒らせて、さらに攻撃する材料を得ようとする。

対処の基本

①冷静に対応し、できることはないか尋ねる　コメントは簡潔に。「不満を抱かせてしまい申し訳ありません。私でお役に立てることはありませんか?」とすればよい。質問がくれば答え、混乱していることがあれば理解できるよう説明する。また、詳しいことが知りたいときの解決法も教えよう。自分の連絡先を教え、むこうからも連絡をとれるようにしよう。

②争わない　不満を書き込んだ人の管理するブログでけんかをしても、絶対に勝てない。まわりはそのブログの愛読者でいっぱいなのだから、必ずむこう寄りの言葉で終わる。不満に返答するときは、好意的な姿勢とユーモアが必要だ。困っている自分を心配してくれている、と相手が感じればそれでいい。たとえあなたの上司であっても、怒りにまかせて返答させてはいけない。

③一個人として対応する　広報担当者として取引先に書くようなお堅い文面はやめて、一個人として書こう。顔の見えない企業が相手だと思えば、顧客は好きなだけ思いのたけをぶちまける。だが、「こんにちは。ジェニーと言います。この度はお困りのことが……」と言われたら、そうはいかない。自分はジェニーという人に向かって文句を言ったのだ、と思い、とたんに気恥ずかしくなる。それまで感じていた怒りが収まり、失礼な言い方をして申し訳なかっ

た、と謝罪の言葉を返してくるだろう。

④記録として書き留める　不満の持ち主へのコメントとはいえ、実際には、その人にだけ、またはその人が抱える問題にだけ向けて書くのではない。商品に関わる人間が問題を見つけ、それを解決しようとしているところをみなに見せるためでもある。コメントを書くときには、不満を抱える当人だけでなく、それを目にするすべての人に、「関係者がわざわざブログにまでやってきて対処している」と思ってもらえるようにしよう。

⑤一度の書き込みで終わらない　コメントを書いたらそれで終わりではない。みんなが事の成り行きを見守っている。その後の状況を確認し、約束したことを実行すること。一度訪問するだけでは不十分だ。ちゃんと満足してもらえているか、定期的に様子を見に行こう。

⑥嬉しい驚きを与える　不満を抱える人に、喜んでもらえるようなことをしよう。手持ちの商品の最新版を送る、花やちょっとしたプレゼントを贈る、手書きの手紙を送るなど。会社のブログで正式に謝罪（または感謝）しよう。そして、会社へも招待しよう。これで永遠の親友ができたも同然だ（対応のよさを、みんなに触れ回ってくれるだろう）。

常軌を逸した人、ウソのレビュー、ライバル社のサクラ

そのうち、あなたの会社や商品のことを心底嫌う人に出くわすだろう。そういう人には、いくら改善策を提案してもらちがあかない。場合によっては、ライバル社がそういう輩を送り込

み、非難させるということもある。

世の中には、何にでも怒りを覚える人、心の狭い人、ずるい人、いかれた人がいる。だが、べつに気にすることはない。自分がそうでなければいいのだから。

先に挙げたような人はほんの一部で、たいていの人は分別がある。怒りが込み上げるくらい理不尽な投稿がなされても、読者はちゃんとわかってくれる。何が起こっているのか理解する。ばかげている、と思うのはあなただけではない。

だから冷静に簡潔なコメントを返し、忘れてしまおう（これは実につらい作業だ。だが、この場合はそうするのが一番）。図太さとユーモアをもって対処しよう。いらだちは前向きなエネルギーに変えればいい。意地の悪いコメントがかすんでしまうくらい、称賛のレビューが増えるよう努めよう。

もうひとつ。自社サイト以外で悪意ある投稿がなされたら、そのサイトの運営者に協力を求めるとよい。明らかに不適切な内容であれば削除をお願いしよう。公正なレビューや議論を望むのは、サイトの運営者も同じだ。否定的な意見すべてを削除してもらおうとするのはいけないが、下品なもの、悪意のあるもの、ライバル社が一般人のふりをして投稿したものなどは削除してもらえる。

最新コメントに気を配る

否定的な意見に返事を書くときは、新しい投稿が古いものの上に表示されることを忘れてはならない。つまり、真っ先に読者の目に触れる最後の投稿が一番重要なのだ。あちこちのブログや掲示板で批判されることがあるかもしれないが、最終的に相手を満足させて終わることができれば、解決した部分を真っ先に閲覧者の目に入れられる。

顧客の不満が与えてくれるもの

結局、不満があがっても、うまく対処すれば好意的なフィードバックに変わる。本章で述べたアドバイスに従って行動すれば、あなたは次のものを勝ち取ることができるだろう。

好意　不満を抱えていた人がファンになったら、きっとこう言ってくれる。「あの会社は最高。私の不満に気づいて救いの手を差し伸べ、問題を解決してくれた」

敬意　不満を抱えていた人がファンになったら、きっとこう言ってくれる。「結局問題は解決しなかったけれど、問題があると気づいて何とかしようとしてくれました。そこまでやってくれる会社はほかにありません」

事実　理不尽なクレームをつけた人に適切な対応をとったと、みんなに知ってもらえる。

会社は日々、顧客が抱える不満を解決している。その多くは、電話やメールでのやりとりだが、それだけではその顧客と担当者だけの会話で終わってしまう。ほかの誰にも知ってもらえない。

だがネット上で解決すれば、それがクチコミを生む。かかる労力もコストも変わらないのに、何千という人に解決したところを見てもらえる。そして、やりとりを見た人が、好意からクチコミを広めてくれる。同じ問題を抱えた人が目にすれば、カスタマーサービスに電話をかける必要がなくなるので、その分コストも抑えられる。

さあ、ネットの世界に入っていき、不平や不満を積極的に探し、どんどん対応を始めよう。そうすれば、悪い意見は消え、新たな仲間が増える。新たなトーカーが生まれ、多くの尊敬を得るだろう。

第8章 世間の声をキャッチすべき理由

市場調査ではわからないこと

人は誰でも、他人に何と言われているか知りたい。そして今では、それが可能になった。話題をトラッキング（追跡）すると、次のことがわかる。

- 話題を生み出している人物の特定。
- 話題になっているトピックの特定。
- ツールの効果の確認。
- 会話への参加。

もちろん、会社や商品について何と言われているかもわかるので、商品の改良やサービスの改善に役立てることもできる。

企業が市場調査にかける費用は、年間七〇億ドル以上にのぼる。何と言われているのかを知るために、これほどの金額が費やされているのだ。

しかし、市場調査では消費者の本音を引き出すのが難しい。意見を引き出すツールはあるが、お粗末な結果しか得られないことが多い。特定のテーマについて複数の人（フォーカスグループ）に意見を出し合ってもらっても、そこで得られる意見は、「フォーカスグループというつくられた環境での意見」でしかない。各種調査によって有益な情報を得られることもあるが、その場合は的を射た質問が不可欠だ。

その一方、ネット上では今、何百万という人々が自分が思っていることを何でも書いている。ブログの開設、掲示板への書き込み、レビューの投稿……。しかもその大半が、商品に関する内容である。調査会社に依頼しなくても、消費者の意見は気軽に読める。消費者がみずからウェブにアップした意見は、調査会社が行う調査結果と同等の価値がある。ウェブで拾った意見を分析すれば、オフラインで言われていることも憶測できる。

クチコミは、宣伝に活用できるだけではない。
市場を知るうえでこのうえなく便利なツールでもある。

進化するクチコミ測定技術

クチコミの測定を目的とした調査技術は日進月歩だ。大手の調査会社に加えて新興企業も次々に現れ、卓越した測定技術が生まれている。ネット上で繰り広げられるトピックやブランドや商品に関する会話は、信じがたいほどの正確さとスピードで分析できる。

話題にしている人は誰なのか、何について話題にしているのか、などが特定できれば、会話のトレンドも把握できる。また、顧客データベースの分析を依頼すれば、影響力の大きいトーカーになりやすい既存客を判別してもらえる。こちらが望めば、新たなトーカーも見つけてもらえる。こうしたサービスの利用も選択肢に入れておくとよい。

クチコミをトラッキングする

ここでは、自分の会社や商品に対する世間の見方を把握するオンライン上のテクニックを紹介しよう。どれも手軽に始められ、コストもほとんど（あるいはまったく）かからない。

トラッキングツールを使う

ブログの検索や解析が無料でできるウェブサイトを利用すると、有益な情報が大量に入手できる。誰が話題にしているか、どんなことを言っているのかはもちろんのこと、投稿者の居住地域、投稿者が経由したサイト、閲覧したページ、サイトの訪問日時、サイトに入ったときに検索したキーワードまで解析できる。解析した結果をチャートやグラフで表すことも可能だ。

なかには、トーカー一人ひとりの影響力まで教えてくれるものもある。検索サイトのテクノラティでブログを検索すると、ブログ一覧が表示されるうえに、そのブログにリンクしている人の数もわかる。リンクの数が多ければ、それだけ影響力が大きいということだ。

意見を求める

世間でどんなことを言われているのか本気で知りたいと思うなら、その旨を明確に消費者に伝えたうえで、意見を送りやすい環境を整える必要がある。クチコミで話題になっている中身を知るには、直接教えてもらうのが一番だ。それには、次のようなことをするとよい。

- ウェブサイトに意見送信用のフォームを設ける。ひと目でそれとわかるデザインにし、意見を送ってくれた人には必ず返事を出すこと。
- 掲示板やブログなど、顧客や興味のある人同士で意見交換できる場を設ける。投稿されたコメントすべてを公開すること。そうすれば、消費者に隠しごとをしないという企業の意思表示だと受け止めてもらえ、そこで生まれる話題に対する信頼性が高まる。
- 現実世界でも意見を求めよう。顧客に何か送付するときは、意見を返信してもらえるよう、料金受取人払いのハガキを同封しよう。店舗があるならレジ横にも置いておこう。そして「お客様のお考えを参考にさせていただきたいので、ぜひご意見をお寄せください」と呼びかけるように販売員を教育しよう。顧客を集めて意見交換会を開くのもお勧めだ。

顧客から寄せられた意見と、その意見に対する返答を公開すれば、「消費者の意見に真摯に向き合っている」との印象を持ってもらえる。投稿されたコメントをメールマガジンなどに掲載しよう。顧客からの問い合わせとその返答を、ウェブサイトにアップしよう。

頻繁に意見を寄せてくれる人には、特別なステイタスを与えてもいい。アマゾンは、投稿されたレビューに読者が投票できるシステムを採用している。読者から「参考になった」と投票された数が多いと、投稿者のハンドルネームの下に、「ベストレビュアー」と表示される。

〈友達にすすめる〉フォームが教えてくれること

〈友達にすすめる〉フォームは、たんにクチコミを広めるためだけのものではない。会話をトラッキングする強力なツールにもなりうる。同じページから何人もの人がフォームに入力して誰かに勧めれば、そのページに話題になっているトピックがあるとわかる。

〈友達にすすめる〉フォームが利用されたら担当者へ通知が届く仕組みにしておくとよい。これで、どのページを見て勧めたくなったか、何人の友人に勧めたかなどがわかる。また、フォーム利用者が友人に宛てて書いたメッセージは、会社や商品のことをどう話しているのかを教えてくれる。フォームが送信されたアドレスに、企業が直接連絡をするのは厳禁だが(それはスパム行為にあたる)、アドレスがわかっていれば、フォームを受け取ったことがきっかけで顧客となった人を選別できる。

そのほか、ブログ、ソーシャルネットワーク、掲示板のコメントなどからも、トラッキングに便利な情報を入手することができる。

「誰かに教えたくなる指数」を測る

会社のウェブサイトは複数のウェブページで構成されている。ページごとの訪問者数を表すのが、「ページビュー」という数え方だ。だが、トップページから直接リンクされているページは、たとえ見る気がなくてもクリックしてしまう。ページビューの数え方では、最も訪問者の関心を集めたページがどれなのかはわからない。

その点、〈友達にすすめる〉フォームをすべてのページに設置すれば、とても興味深い比較ができる。フォームが送信された数をページビューの数で割れば、「誰かに教えたくなる指数」が求められる。この公式で、どのページが一番話題にされているかがわかるのだ。

最も指数の高いページを、サイトのトップページで知らせよう。そうすれば、フォームの利用者が増え、売上げの増加も期待できる。

自分から出向く

消費者は、「ブランドや商品の関係者が自分に注目してくれている」と思えば、積極的に意見を言おうとする。だからネット上に出て、自分の立場を名乗り、意見を求めていこう。こちらから求めると、案外簡単に意見が集まる。

GMは、そのことを心得ている。同社のブログにアップされるボブ・ラッツ副会長の文章は本当に素晴らしい。GMの宣伝はいっさい行わず、あくまでも車をテーマにした話しか書かない。それを読めば、ラッツがカーマニアであるのは明白だ。車に対する彼の熱い思いが伝わってくる。なかでも、記事についたコメントに対する返信の一つひとつが非常に興味深い。

GMのブログでは、率直なやりとりが繰り広げられる。ブログ読者とGM関係者との間で、毎週何百というコメントのやりとりが発生する。全体的に好意的な投稿が多いとはいえ、なかには、ラッツにとってもGMにとっても受け入れがたいコメントもある。だが、頼まれもしないのに送ってきてくれる真摯な意見には、計り知れない価値がある。やりとりのなかで、コメント投稿者はGMに関するさまざまな情報を大量に手に入れ、GM側は消費者のGMに対する思いを知る。

ブログに投稿されるコメントは、タダで手に入る調査資料だ。その価値は、高いお金を払って行うフォーカスグループ調査と同等の価値がある。消費者が「この会社は自分の意見を聞きたがっている」と感じれば、よそで話題にするのではなく、直接意見を言ってくれる。建設的なやりとりが定着すれば、クチコミの広がりは一気に加速する。

DMと電子メールの共通点

DMは、トラッキングに便利なツールのひとつである。注文受付ハガキに識別コードを入れれば、誰に送ったハガキで注文が来たのかがひと目でわかる。さらに、これを高性能のメールサーバーを介してメールで送信すれば、会社が直接送付した人以外で、そのメールを開いた人がいることまで教えてくれる。ひいては直接メールを送らなかったのに注文をした人も判明する。会社がメールを送った誰かが、そのメールを転送してくれたのだ。クチコミでやってきた顧客である。

メールが転送される傾向を調べれば、クチコミが広がるパターンを特定したり、広がるチャンスを見つけたりできる。たとえば、広報部門にメールを送っているのに、マーケティング部門のマネージャから注文が来たとすれば、広報部門からマーケティング部門にクチコミが広がったとわかる。

NPS(ネット・プロモーター・スコア)を測定する

フレッド・ライクヘルドが *The Ultimate Question*(『顧客ロイヤルティを知る「究極の質問」』武

田ランダムハウスジャパン）で論じた「ＮＰＳ」を活用すれば、自分でクチコミを測定できる。ＮＰＳとは、ネット（Net）・プロモーター（Promoter）・スコア（Score）の頭文字をとった略称で、「推奨者の正味比率」のことである。消費者に向かって「あなたはこの商品を知り合いに勧めたいと思いますか？」と質問し、0から10まで一一段階評価で答えてもらう。オンラインでもオフラインでも使える。

0から6を「批判者」、7から8を「中立者」、9から10を「推奨者（プロモーター）」に分類し、推奨者の数から批判者の数を引いて（中立者の数は無視）、出てきた数字がＮＰＳだ。つまり、よいことを言う人の数から批判的なことを言う人の数を引いたものが、基本的なクチコミの評判というわけだ。この指標の数値を上げるためには、批判する人の数を減らす努力をする一方で、誰かに勧めたいと思ってくれる人を増やす努力も求められる。

ＮＰＳの数値が高い企業ほど、よい評判と高い収益性を手にすることができる。

クチコミをお金に換算する

大企業の幹部からの質問で一番多いのは、「クチコミをお金に換算することは可能か？」である。答えは「イエス」だ。

隠れたクチコミを表に出す

まずは、クチコミを生み出している顧客の正確な特定から始めよう。

先にも述べたように、実際にはクチコミが起きているのに企業が把握できていないために数に入っていないものが多い。「隠れたクチコミ」だ。それらをしっかり掘り起こしカウントする必要がある。

アンケートや注文用紙に、どこでこの会社のことを知ったのか、具体的に書いてもらうようにしよう。「私どものことをどうやってお知りになりましたか？」と尋ねるときは、具体的にクチコミの源を特定できるような選択肢を用意すること。「知り合いから」という回答では、曖昧すぎてどのクチコミから影響を受けたのか特定できない。「家族から」「同僚から」「かかりつけの医師／弁護士／美容師から」「なじみの配管工から」「インターネットで見て」などと答えてもらうほうがいい。「インターネットで見て」という答えでも、バナー広告なのか、買い物サイトのレビューなのか、はっきり特定できない。なるべく具体的に把握できるように工夫しよう。

また、マーケティング報告書にも、クチコミの源を掲載するようにしよう。キャンペーンの結果報告とともに、顧客が買い物をするきっかけをつくった人やものをリストアップして一緒に提出するとよい。

隠れたクチコミが明らかになれば、想像以上にクチコミが広まっていることを実感できるはずだ。

「クチコミのROI」を算出する

顧客一人あたりが企業にもたらす損益から、「顧客生涯価値（LTV）」が算出できる。この指標の平均値を割り出し、クチコミで獲得する顧客数の見当をつければ、WOMマーケティングの成果を金額に置き換えられる。それができれば積極的なトーカーが会社にもたらす利益を具体的に見積もることもできる。

たとえば、最も積極的なトーカーが平均六人の知り合いに勧め、そのうちの半数が実際に顧客になったとしよう。二人にしか勧めないトーカーと比べて、積極的なトーカーがどれだけ多くの利益をもたらしてくれたかが如実にわかるはずだ。

クチコミがもたらす利益を算出する方法はほかにもある。以下にいくつか紹介しよう。

誰かからの勧めによって生じた売上げを算出する　DM、案内メール、そして案内メールなどを受け取った人が転送したメールがきっかけで生じた売上げを別々に計上すれば、それぞれの価値が算出できる。あまりお金を落としてくれないと思っていた顧客が、実はメールを転送して別の顧客の購入にひと役買っていた、というのはよくある話だ。

あるリサーチ担当者が、シカゴのとあるワイン販売店のトーカーについて調べるため、店内の顧客の動向を観察調査したところ、典型的なトーカーを発見した。その男性は店の関係者ではなく、ただワインが好きで、誰かの喜ぶ顔を見るのも好きなだけだった。どれを買おうか悩んでいる人を見つけると、一緒になってその人にとっての最高の一本を探している。担当者が、その男性と話をした相手、相手が購入したワインを記録しつづけたところ、なんとその男性ひとりで、年間で二万五〇〇〇ドル以上の売上げに貢献していたことが判明した。

〈友達にすすめる〉フォームには広告と同等の価値がある　〈友達にすすめる〉フォームで案内を受け取った人は、それがきっかけで商品を購入することもある。つまり、このフォームには広告と同じ効果があるのだ。それなら、オンライン広告と同じ価値があると見なすべきである。実際には、オンライン広告よりも価値は高い。〈友達にすすめる〉フォームには送信者の支持する気持ちが含まれる分、印象がよくなるからだ。

顧客サービスからも売上げが生まれる　顧客への対応やサービスを「義務の一環」と見なす考えは捨て、顧客サービスは「よい評判を生み出す手段」だと意識するようにしよう。そうすれば、サービスの充実が不可欠だと気づくはずだ。

顧客サービスが悪ければ、それがクチコミで広がり、大変な痛手を被る。よいクチコミだけでなく、悪いクチコミのトラッキングも決して怠ってはならない。

あなたの顧客は、どんな対応を受けたときに「人に伝えたい」と思ってくれるのか——それを知る方法を考えよう。批判的な態度だった人が会社のよさを広めるトーカーへと変わるきっかけとなったサービスもわかればなおよい。そうしたトーカーから評判を聞いてやってきた顧客の人数に、新規顧客の獲得にかかる平均コストを乗算すれば、顧客サービスの価値が数字で表れる。

ウェブでの公開がコスト削減をもたらす　顧客が抱える問題を解決し、それをウェブ上で公開すれば、同じ問い合わせをしてくる人の数が減る。掲載ページの訪問者数を測定しよう。そうすれば、何件の問い合わせ電話を回避できたか、いくらの経費削減になったかがおおよそ把握できる。

以上、ここで挙げたような算出方法を知っておくと、クチコミを引き起こすためには、どこにお金をかけるべきか賢明な判断が下せるようになる。予算の使い道を正当に評価するには、それぞれの活動の成果を具体的な金額で考えるのが一番だ。

まとめ

誰でもできて効果抜群の16策

これで本書も終わりである。
最後に、今日から始められるWOMマーケティング活動をまとめておこう。
①あなたの会社や商品のことを話題にしてくれている人をウェブで検索する。
②話題に参加する人を社内で募り、担当者を決める。今日から始めよう。
③ブログを開設する。
④これからの会議や打ち合わせでは、必ず「これをすれば『誰かに伝えたい』と思ってもらえるだろうか?」という疑問を投げかける。
⑤話題にしたくなるトピックをひとつ考える。シンプルなものにすること。
⑥「知り合いにも教えてあげたい」と思わせる何かを、会社や店舗の出入口に掲示する。
⑦トーカー向けのメールマガジンを作成し、購読申し込みフォームをつくって読者を募る。

⑧自分にできるトラッキング方法をひとつ選び、クチコミのトラッキングを始める。
⑨〈友達にすすめる〉フォームを、ウェブサイトの全ページに設置する。
⑩転送されることを想定したレイアウトと文面でメールを作成し、案内を送る。
⑪商品を送付するときには、ちょっとしたプレゼントや、話題にしやすくなるものを同梱する。
⑫トーカーだけを対象としたセールを開催する。
⑬不手際やミスがあれば謝罪し、すみやかに問題を解決する。
⑭協力するチャリティ団体を決める。
⑮意表を突くことをする。
⑯感じのいい対応を心がける。

二七〇ページにワークシートを用意した。このシートを使って、WOMマーケティングの活動計画を立てよう。安上がりで手軽にできることから始めて、最終的には本格的なWOMマーケティングプログラムが完成する流れになっている。

最後に、どんな活動をするにせよ、これだけは忘れないでほしい。

誰かに話したいと思わせる何かをする！

人が喜ぶことをする

WOMマーケティングは、人に喜んでもらうことがすべてである。

消費者は、気に入った商品や感じのいい店員を見つけたら、誰かに話す。そうして生まれるクチコミは、世界中のどんな広告よりもはるかに影響力が強い。あなたの会社や商品に満足した人が、ビジネスの成長を助けてくれる――なんと素晴らしいことだろう。

社員の立場から見ても、誠実さと楽しむ気持ちを忘れない会社、消費者も社員も大切にして尊敬を集める会社のほうが、ずっと働きがいがある。

ビジネスで成功したいなら、人に喜んでもらうことをすること、それが一番だ。

それができれば、必ず成功する。

WOMマーケティング　活動計画		
手順	活動内容	計画
① チームを 編成する	●責任者を決める ●チームに加わりたい人を募る	
② クチコミの 体制を 整える	●〈友達にすすめる〉フォームなど、クチコミを広めてもらうツールを取り入れる ●複数に広めてもらえることをする	
③ すべてを バイラルにする	●文書を社内全員で共有する ●ウェブサイトにアップして消費者と共有する	
④ 消費者の 意見を聞く	●ネット検索を日課とする ●主なトーカーの意見や関連する掲示板をトラッキングする	
⑤ 会話に 加わる	●会話への参加 ●オンライン専門のカスタマーサービス担当者を決める ●ブログの開設 ●ソーシャルメディアに登録する	
⑥ 小さなことを たくさんする	●週にひとつは話題になることを目的とした何かを実行する	
⑦ 掘り下げる	●クチコミの体制のチェック ●「誰かに話したい」と思ってもらえているだろうか？ ●社内全体にクチコミへの意識を根づかせる	
⑧ 遊び心を 持つ	●あっと驚かせる大胆なことをする ●話題にしたくなる理由を与えよう！	

この度はお買いあげいただき
誠に有り難うございます。
本書に関するご意見・ご感想等は
下記のいずれかへお願いします。

海と月社
〒151-0051
東京都渋谷区千駄ヶ谷 2-39-3-321
FAX 03-6438-9542
Eメール info@umitotsuki.co.jp

WOM《ワム》マーケティング入門《にゅうもん》

2010年 5 月27日 初版第 1 刷発行

著者 アンディ・セルノヴィッツ
訳者 花塚《はなつか》 恵《めぐみ》
装幀 重原 隆
編集 片桐克博
印刷 萩原印刷株式会社
製本 加藤製本株式会社
用紙 中庄株式会社

発行所 有限会社海と月社
〒151-0051
東京都渋谷区千駄ヶ谷2-39-3-321
電話03-6438-9541 FAX03-6438-9542
http://www.umitotsuki.co.jp

定価はカバーに表示してあります。

ISBN978-4-903212-17-3